Julia Bleffert

Neue Medien im Deutschunterricht:
Förderung der Lesemotivation von Jungen

Diplomica® Verlag GmbH

Bleffert, Julia: Neue Medien im Deutschunterricht: Förderung der Lesemotivation von
Jungen, Hamburg, Diplomica Verlag GmbH 2012

ISBN: 978-3-8428-8875-3
Druck: Diplomica® Verlag GmbH, Hamburg, 2012

Bibliografische Information der Deutschen Nationalbibliothek:
Die Deutsche Nationalbibliothek verzeichnet diese Publikation in der Deutschen
Nationalbibliografie; detaillierte bibliografische Daten sind im Internet über
http://dnb.d-nb.de abrufbar.

Die digitale Ausgabe (eBook-Ausgabe) dieses Titels trägt die ISBN 978-3-8428-3875-8
und kann über den Handel oder den Verlag bezogen werden.

Dieses Werk ist urheberrechtlich geschützt. Die dadurch begründeten Rechte,
insbesondere die der Übersetzung, des Nachdrucks, des Vortrags, der Entnahme von
Abbildungen und Tabellen, der Funksendung, der Mikroverfilmung oder der
Vervielfältigung auf anderen Wegen und der Speicherung in Datenverarbeitungsanlagen,
bleiben, auch bei nur auszugsweiser Verwertung, vorbehalten. Eine Vervielfältigung
dieses Werkes oder von Teilen dieses Werkes ist auch im Einzelfall nur in den Grenzen
der gesetzlichen Bestimmungen des Urheberrechtsgesetzes der Bundesrepublik
Deutschland in der jeweils geltenden Fassung zulässig. Sie ist grundsätzlich
vergütungspflichtig. Zuwiderhandlungen unterliegen den Strafbestimmungen des
Urheberrechtes.

Die Wiedergabe von Gebrauchsnamen, Handelsnamen, Warenbezeichnungen usw. in
diesem Werk berechtigt auch ohne besondere Kennzeichnung nicht zu der Annahme,
dass solche Namen im Sinne der Warenzeichen- und Markenschutz-Gesetzgebung als frei
zu betrachten wären und daher von jedermann benutzt werden dürften.

Die Informationen in diesem Werk wurden mit Sorgfalt erarbeitet. Dennoch können
Fehler nicht vollständig ausgeschlossen werden, und der Diplomica Verlag, die Autoren
oder Übersetzer übernehmen keine juristische Verantwortung oder irgendeine Haftung
für evtl. verbliebene fehlerhafte Angaben und deren Folgen.

© Diplomica Verlag GmbH
http://www.diplomica-verlag.de, Hamburg 2012
Printed in Germany

Inhaltsverzeichnis

0. Einleitung 7

1. Jungen und Lesemotivation 9
   1.1 Gesellschaftliche Rahmenbedingungen 9
   1.2 Lesesozialisation 11
   1.3 Lesekompetenz und Lesemotivation 14
   1.4 Geschlechterspezifische Unterschiede in der Leseforschung 17
      1.4.1 PISA und IGLU 18
      1.4.2 Lesepräferenzen und Schulrealität 21
   1.5 Verdrehte Geschlechtererwartungen? 28
   1.6 Schlussfolgerungen 31

2. Medien und Didaktik 33
   2.1 Neue Medien und Hypertexte 33
   2.2 Medienkompetenz 35
   2.3 Mediennutzung von Kindern 36
   2.4 Technische Ausstattung der Schulen 39
   2.5 Der Einsatz neuer Medien im Deutschunterricht 41
      2.5.1 Vorteile 43
      2.5.2 Nachteile 45
   2.6 Geschlechterspezifische Mediennutzung 46
      2.6.1 Mediensozialisation 46
      2.6.2 Stand der Forschung 47
      2.6.3 Mädchenförderung am Beispiel von ‚Lizzynet' 50

3. Administrative Vorgaben - Gender Mainstreaming und Lehrplan Nordrhein-Westfalen 53

4. Die Rolle der Lehrkraft 57
   4.1 Einstellung des Lehrkörpers gegenüber den neuen Medien 57
   4.2 Geschlecht als Einflussfaktor? 61

5. Beispielanalyse **65**
    5.1 Das Projekt: Schwimmen lernen im Netz 66
        5.1.1 Moduldarstellung 66
        5.1.2 Didaktische Bewertung 67
    5.2 Das Leseprogramm: PISAKIDS 69
        5.2.1 Moduldarstellung 70
        5.2.2 Bewertung 71

6. Gendergerechte Mediennutzung im Deutschunterricht **75**
    6.1 Perspektiven der Leseförderung 75
    6.2 Ergebnissicherung und Schlussfolgerung 79

7. Literaturverzeichnis **85**

9. Anhang **95**

0. Einleitung

Einhergehend mit den großen Schulleistungsstudien PISA und IGLU wurde ein Diskurs bezüglich defizitärer Leistungen von Schülerinnen und Schülern (SuS) angestoßen, der bis heute anhält. Der gemessene Bildungsmisserfolg deutscher SuS in differenten Fächern zeichnete sich gerade im internationalen Vergleich als äußert prekär ab. So schnitt Deutschland in den ersten Erhebungen sowohl im Bereich der Naturwissenschaften als auch im Kompetenzbereich Lesen deutlich unterhalb der Erwartungen ab (vgl. Prenzel 2007, 14ff.). Zwar bewirkten strukturelle Entwicklungen und gezielte Aufarbeitungen des allgegenwärtigen "PISA-Schocks" erhebliche Verbesserungen, es kristallisierte sich jedoch eine neue Risikogruppe innerhalb unseres Bildungssystems heraus, die vornehmlich männlich besetzt ist. Der hier durch die Leistungsstudien offerierte Hinweis auf geschlechtspezifische Unterschiede und Bildungsungleichheiten führte zu kontroversen Debatten innerhalb der Bildungsforschung, die recht bald die Jungen zu den neuen Bildungsverlierern erklärten (vgl. Kapitel 1.4., 1.5). Während die Mädchen eher vom Abbau geschlechtsspezifischer Ungleichheiten profitierten, schienen männliche Schüler vermehrt hinter ihren Altersgenossinnen zurückzufallen. Bereits in der Grundschule sind solche Tendenzen deutlich geworden. Erklärungsansätze fokussieren heute im Bereich der Lesekompetenz - als eine der grundlegendsten Fähigkeiten in unserer Gesellschaft - einen engen Zusammenhang von Motivation und Kompetenzsteigerung. Zugleich zeigen Jungen eine starke Affinität hinsichtlich der Nutzung neuer Medien, die für die Förderung von Lesemotivation gewinnbringend genutzt werden könnte. Dieses Fachbuch beschäftigt sich daher mit der Fragestellung, ob ein gendergerechter Medieneinsatz gewinnbringend zur Förderung der Lesemotivation von Jungen im Deutschunterricht der Primarstufe beitragen kann.

Zu Beginn meiner Arbeit gilt es vorab zu prüfen, inwieweit Jungen bereits durch gesellschaftlich konstruierte Geschlechtserwartungen und Fähigkeitszuschreibungen in ihrem eigenen Rollenbild geprägt werden – eng daran knüpft auch die Lesesozialisation an, die immer noch durch eine tradierte Rollenverteilung der Geschlechter gekennzeichnet ist und sich maßgeblich auf die ersten Erfahrungen von Jungen mit Literatur auswirkt. Im weiteren Verlauf des ersten Kapitels werden zunächst der Kompetenz- und Motivationsbegriff eingehend definiert, um im Anschluss deren Verbindung hinsichtlich der Zielperspektive dieser Arbeit kurz zu skizzieren. Grundlegend können dann die Ergebnisse der Leseforschung – vor allem der zwei großen Schulleistungsstudien PISA und IGLU – und Erkenntnisse bezüglich der Lesepräferenzen von Jungen (und Mädchen) aufgezeigt und kritisch bewertet werden.

Das Kapitel schließt mit der Gegenüberstellung kontroverser Meinungsbilder zum Thema ‚Jungen als die neuen Bildungsverlierer' ab und zieht bezüglich einer möglichen mediendidaktischen Lesemotivationsförderung ein erstes konkretes Zwischenfazit.

Das zweite Kapitel beschäftigt sich dann mit dem Einsatz neuer Medien im Deutschunterricht der Grundschule. Dazu werden zunächst bedeutende Begrifflichkeiten voneinander abgegrenzt sowie die Vorbedingungen hinsichtlich der tatsächlichen Mediennutzung der Kinder und der technischen Grundausstattung der Schulen dargelegt. Nachfolgend sollen dann zwei Schwerpunktsetzungen des Kapitels behandelt werden: Zum Einen wird der didaktische Einsatz neuer Medien im Deutschunterricht, zum Anderen die geschlechtsspezifische Mediennutzung und die damit verbundenen verschiedenen Grundhaltungen zum Medium Computer diskutiert. Anschließend sollen in Kapitel 3 die administrativen Grundlagen – vor allem der Lehrplan Nordrhein-Westfalen – und folglich die Bedeutung der Lehrkraft (Kapitel 4) hinsichtlich einer gleichberechtigten Geschlechterdemokratie behandelt werden.

Die im Kapitel 5 durchgeführte Beispielanalyse zweier Computerprogramme dient zur praktischen Konkretisierung inhaltlicher Möglichkeiten, neue Medien im Deutschunterricht zur gezielten Motivationssteigerung einzusetzen. Dazu sollen die Computerprojekte eingehend beschrieben und abschließend bewertet werden. Zuletzt möchte ich dann die Perspektiven für die Förderung der Lesemotivation von Jungen durch den Einsatz neuer Medien ausführlich darstellen und diskutieren sowie anschauliche Ergebnisse festhalten.

1. Jungen und Lesemotivation

1.1 Gesellschaftliche Rahmenbedingungen

Männlichkeits- und Weiblichkeitsstereotypen beeinflussen die Geschlechter so stark, dass nicht das tatsächliche Verhalten des Individuums, sondern vielmehr die Geschlechtszugehörigkeit unsere Eigenschafts- und Verhaltenscharakteristika bestimmen (vgl. Focks 2003, 12). Kinder lernen sehr früh geschlechtsspezifische Erwartungshaltungen der Gesellschaft zu erfüllen - ihnen ist bewusst, dass ihr Handeln je nach Geschlecht unterschiedlich bewertet wird. Eine geschlechtsspezifische Identität wird vor allem dadurch gefördert, dass wünschenswertes Verhalten verstärkt und unerwünschte Handlungen abgeschwächt werden. Der soziale Nahraum der Kinder trägt also einen bedeutenden Teil dazu bei, dass Mädchen und Jungen verschiedene Interessen und Fähigkeiten entwickeln. Eine Konstruktion von Weiblich- und Männlichkeit entsteht also immer vor einem fremdbestimmten und kulturell geprägten Hintergrund, indem geschlechtliche Normalitäten bestimmt und bewertet werden. Die soziale Anerkennung der Gruppe bestärkt die geschlechterspezifischen Orientierungen und formt so einen geschlechtlichen und kulturellen Habitus (vgl. Jantz/ Brandes 2006, 37f.).

Häufig werden im Alltag die biologischen Geschlechtsmerkmale als Begründung für die unterschiedlichen Erwartungshaltungen und den damit verbundenen differenzierten Erziehungsstil an Jungen und Mädchen herangezogen. Problematisch ist das, wenn Stereotypen bewusst oder unbewusst verstärkt erzeugt werden: Jungen sind dann je nach Perspektive entweder gefühllos und eigennützig oder durchsetzungsfähig und offensiv. Mädchen erzeugen meist das Bild von sozialer Kompetenz und großem Einfühlungsvermögen, können aber auch als passiv und trügerisch stereotypisiert werden (vgl. Focks 2003, 12). Kommen im schulischen Bereich noch geschlechtsspezifische Kompetenzzuschreibungen in den jeweiligen Fächern hinzu – z.B. Jungen sind nicht sprachbegabt, Mädchen haben Defizite in mathematischen Bereichen – so hat das unmittelbare Auswirkungen auf das Selbstkonzept der SuS und beeinflusst unvermeidlich auch die Beteiligung am Unterricht (vgl. Barz et. al. 2010, 110). „Für fast alle geschlechtstypischen Verhaltensweisen gilt jedenfalls, dass die Variation innerhalb eines Geschlechts größer ist als der durchschnittliche Unterschied zwischen den Geschlechtern" (Feldmann 2006 nach Basow/ Alfermann 1992/ 1996, 168).

Der geschlechtliche Habitus lässt sich also aus Sicht der Forschung nicht hinreichend begründen. Der Unterschied innerhalb der Geschlechter ist zumeist größer als zwischen Jungen und Mädchen. Dennoch werden häufig falsche Naturalisierungsthesen herangezogen, die das soziale Konstrukt von Geschlechtlichkeit rechtfertigen: Die tradierte Argumentationsstruktur, die biologische Faktoren (z.B. unterschiedliche Gehirngröße) heranzieht, ist äußerst problematisch und im wissenschaftlichen Kontext stark umstritten (vgl. Diefenbach 2010, 252ff.). Dabei war Butler (1997) die erste, die erkannte, dass das biologische Geschlecht selbst in seiner Identität einer kulturellen Konstruktion unterworfen wird (vgl. Butler 1997, 16).

In diesem Kontext bezeichnet die Begrifflichkeit „doing gender" eine in den menschlichen Interaktionen immer zugleich dargestellte wie zugeschriebene Geschlechtszugehörigkeit (vgl. Faulstich-Wieland et al. 2009, 23). Bereits im frühen Kindergartenalter ist es folglich für die Kinder wichtig, ihr eigenes Geschlecht von dem gegenüberliegenden abzugrenzen. Gerade hier finden sich teilweise sehr verstärkte Geschlechtsinszenierungen, die darauf abzielen, das eigene Geschlecht bestätigen zu lassen. Es ist aus diesem Grunde überaus relevant, diesen Identitätsentwicklungsprozess kritisch und reflektiert zu begleiten. Den Kindern müssen in diesem Verlauf Spielräume aufgeführt werden, die als Alternative zu den herkömmlichen Geschlechterrollen dienen. Passiert dies nicht, orientieren sie sich zwangsläufig an den traditionellen Geschlechtsverhältnissen, die …

- Jungen wie auch Mädchen in ihren Entfaltungsmöglichkeiten einschränken,
- eine ungleiche Chancenbildung provozieren und
- soziale Probleme bereits im frühen Alter intensivieren (vgl. Focks 2003, 13).

Es ist folglich eine wesentliche Aufgabe der Schule, eine geschlechtersensible Pädagogik so einzusetzen, dass es die individuellen Stärken der SuS, unabhängig von jeglichen geschlechtsspezifischen Eigenschafts- und Fähigkeitszuschreibungen, fördert. „Eine geschlechtersensible Didaktik gibt es bislang kaum […]. In einigen Fächern werden zwar Themen mit Geschlechterbezug ausgewählt - […] allerdings sind die Effekte dieser Maßnahme zum einen umstritten, zum anderen ist die Forschungslage zu diesem Punkt noch unbefriedigend" (Budde/ Venth 2010, 79). Festzuhalten bleibt dennoch, dass die zu diesem Thema häufig produzierten Alltagstheorien sich nicht zur Selbstverständlichkeit entwickeln sollten, sondern dringend in Frage gestellt werden müssen (vgl. Focks 2003, 13). Jungen (wie auch Mädchen) wachsen also in einem System komplexer gesellschaftlicher Geschlechtszuschreibungen auf – es wird je nach Geschlecht ein sozial konstruiertes Verhaltensschemata erwartet, dass das Individuum in besonderem Maße – hinsichtlich einer Lese- oder Mediensozialisation, aber auch bezüglich geschlechtsspezifischer Lektürepräferenzen – prägt.

1.2 Lesesozialisation

Interviewer: „Finden sie Vorlesen wichtig für die Kinder oder finden sie es gibt Wichtigeres?"
Vater: „Ich finde es ungeheuer wichtig – deswegen versuche ich immer wieder, meine Frau zu motivieren vorzulesen."
(Vater, 35 Jahre; 3 Töchter, liest selbst nicht vor) (Vorlese-Studie 2009, 2).

Sozialisationsprozesse konstituieren sich in differenzierte Phasen. Dabei bezeichnet die Zeitspanne von der Geburt bis zum Grundschulalter die Primärsozialisation und fokussiert die Familie als vornehmliche Sozialisationsinstanz. Nach dem Eintritt in die Phase der sekundären Sozialisation bilden Schulen und Peer-Groups neue Bezugsgrößen (vgl. Gölitzer 2010, 203). „Lesesozialisation ist ein langjähriger Prozess, an dem Kindergarten, Schule, Altersgruppe und die Medien selbst beteiligt sind. [...]. Die Lesesozialisation beginnt lange vor der Alphabetisierung [...] [und] ist bereits mit der kindlichen Sprachentwicklung verknüpft" (Hurrelmann 2004, 45). Die Familie spielt eine besondere Rolle im Verlauf der Lesesozialisation des Kindes: Denn hier werden sprachlich-kognitive und emotionale Entwicklungsprozesse durchlaufen, die im Zusammenhang von prä- und paraliterarischen Aspekten insbesondere an die kulturelle Orientierung, die Kommunikation oder die Interaktion der Familie gekoppelt sind (vgl. Elias 2009, 50). „Die Familie ist [...] nicht nur die früheste, sondern auch die wirksamste Instanz der Lesesozialisation – vermutlich weil ihre kulturellen Einflüsse permanent, unbeabsichtigt und unspezialisiert sind" (Hurrelmann 2004, 45). Die frühe Förderung durch die Eltern im Leseprozess der Kinder ist daher essentiell für die spätere Entwicklung von Lesekompetenz (vgl. Bos et. al. 2007, 322).
Jedoch sind noch heute die Tätigkeitsfelder innerhalb und außerhalb der Familie stark geschlechtsspezifisch aufgeteilt. Vor allem die Frauen sind aufgrund ihrer häuslichen Präsenz vielmehr am Sozialisationsprozess der Kinder beteiligt als die Männer. Da die Kindererziehung mehrheitlich in das Tätigkeitsfeld der Mütter fällt, sind diese auch stärker in den Leseprozess ihrer Kinder involviert. Für viele Jungen wird so die erste Leseerfahrung mit weiblichen Attributen verknüpft (vgl. Bucher 2005, 73). Die Ergebnisse des Mikrozensus 2009 vom Statistischen Bundesamt bestätigen, dass jede fünfte Familie in Deutschland alleinerziehend ist - Tendenz steigend. Das entspricht einem Anstieg von 20% in den letzten dreizehn Jahren. Weiter zeigt sich, dass Alleinerziehen noch immer Frauensache ist – nur bei jeder zehnten Ein-Eltern-Familie übernimmt der Vater die Rolle des alleinerziehenden Elternteils (vgl. Statistisches Bundesamt 2010, 7ff.). Lediglich bei den nicht-konventionellen Familienformen steigt der Anteil der Väter, die in die Erziehungsarbeit mehr involviert sind (vgl. Elias 2009, 110). Dabei sind Väter „wichtige Lese-Vorbilder - gerade für Jungen. Fallen sie als

Vorleser weg, wirkt sich dies ungünstig auf die Lesesozialisation von Jungen aus" (Vorlese-Studie 2009, 3).

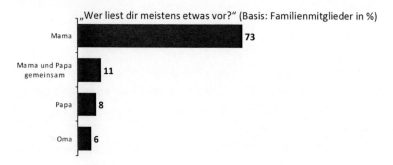

(Abb.1: Entnommen aus: Vorlese-Studie 2009, 7)

„Väter lesen häufig weniger als Mütter, außerdem ist das Leseinteresse bei Müttern meist breiter gefächert als bei Vätern" (Gölitzer 2010, 205). Der männliche Elternteil begründet sein schwaches Vorleseengagement hauptsächlich damit, dass er sich für das Vorlesen nicht zuständig fühle, er keine Zeit hätte oder andere Prioritäten setzen würde. Viele junge Väter haben den Spaß am Lesen für sich selber noch nicht entdeckt, halten das Vorlesen auch nicht für derartig wichtig. Zudem zeigt sich, dass Väter mit niedrigen Bildungsabschlüssen an ihrer Lesekompetenz zweifeln und in diesem Zusammenhang ferner auch keine Lesefreude entwickeln konnten. Gleichwohl nutzen die Hälfte der Väter – die die mangelnde Zeit als Hauptgrund ihres fehlenden Vorleseengagements angaben – zumindest das Wochenende oder Reisen zum Vorlesen (vgl. Vorlese-Studie 2009, 11ff.). „Die Unvereinbarkeit von Beruf und Familie geht zu Lasten der Frauen, die auf berufliche Weiterentwicklung verzichten, zu Lasten der Männer, die ihre Kinder nur am Wochenende erleben, zu Lasten der Kinder, die den Vater mehr als Gast denn als Familienmitglied erleben" (Walter 2005, 166). Hinsichtlich der Lesesozialisation bewirkt die noch immer starr-geschlechtliche Aufteilung von Erwerbsarbeit und reproduktiven Tätigkeiten, dass der Leseprozess der Jungen nur gering von männlichen Lesevorbildern geprägt wird – im Gegenteil dazu sind die ersten Kontakte mit Literatur stark weiblich besetzt. Zum Einen von der Mutter und zum Anderen von der weiblich präferierten Literatur der Vorleserin.

Auch in anderer Hinsicht ist die Familie in besonderer Form für die Ausbildung von Lesekompetenz verantwortlich, denn sie stellt Sozialkapital zur Verfügung, das sich maßgeblich auf die Leseleistung der Jungen (und Mädchen) auswirkt. Die wichtigsten Faktoren bilden hier:

1. Der sozioökonomische Hintergrund;
2. Die Zahl der im Elternhaus vorhandenen Bücher;
3. Die Bildungsressourcen im Elternhaus (ruhiger Arbeitsplatz, nützliche Hilfsmittel etc.);
4. Die kulturelle Kommunikation im Elternhaus;
5. Die Familienstruktur;
6. Der Immigrantenstatus (vgl. Kirsch et.al. 2002, 141ff.).

Die unterschiedlichen Bereiche der häuslichen Lesesozialisation zeichnen jedoch in der Vergleichsstudie IGLU ein heterogenes Bild hinsichtlich ihrer Einflussmöglichkeiten ab: Während die Anzahl der vorhandenen Bücher im Elternhaus sowie die Häufigkeitssequenz und Dauer in der Nutzung von Büchern in Deutschland (im internationalen Vergleich) sehr hoch ist, können zusammenhängende leseförderliche Aktivitäten in der Grundschulzeit nur bedingt nachgewiesen werden. Vielmehr besteht ein enger Zusammenhang zwischen der sozialen Schichtzugehörigkeit und der häuslichen Lesesozialisation (vgl. Bos et. al. 2007, 323). Infolgedessen kann heute davon ausgegangen werden, dass soziokulturelle Merkmale wie Migrationshintergrund, Bildungsabschlüsse oder berufliche Tätigkeiten der Eltern Einfluss auf den Kompetenzzuwachs der Kinder nehmen. Damit existieren auch Verbindungen zwischen Kompetenzerwerb und Schichtzugehörigkeit der Kinder (vgl. Philipp 2011, 89). „Es sind also nicht allein die textseitigen Angebote, sondern besonders auch die Interaktionsstrukturen und Medienrezeptionsgewohnheiten in der Familie, die darüber mitentscheiden, welche Lesehaltungen und Leseweisen ein Kind erwirbt. Solche Interaktionsstrukturen sind allerdings schichtspezifisch unterschiedlich" (Gölitzer 2010, 205). Im Hinblick auf eine schulische Leseförderung gilt es daher zu überlegen, inwieweit eine aktive Elternbeteiligung am Schulprozess des Kindes sinnvoll erscheint und wie eine erfolgreiche Elternarbeit hinsichtlich einer Beteiligung am Lese- und Kompetenzentwicklungsprozess initiiert werden kann.

Kindzentriertes Vorlesen im Rahmen der Familie begünstigt die Lesemotivation bereits im frühen Grundschulalter (vgl. Philipp 2011, 93). Denn regelmäßiges Vorlesen fördert die auditive und visuelle Wahrnehmung, es können wichtige Moral- sowie Wertvorstellungen unterstützt sowie Konzentration, Empathie und vor allem Lesefreude aufgebaut und weiterentwickelt werden. Kindern aus den unteren Sozialschichten, die gerne lesen, fällt der Unterricht aufgrund dessen leichter – es zeigt sich also, dass eine große kindliche Leselust den Zusammenhang von Schichtzugehörigkeit und Schulerfolg überwinden kann (vgl. Vorlese-Studie 2009, 3ff.). Zu dem selben Schluss gelangt auch die PISA-Studie, in der 15 -jährige SuS, deren Eltern eine niedrige berufliche Stellung aufweisen, jedoch engagierte Lesertypen sind, höhere Lesekompetenz-Punkte erreichen als SuS, deren Eltern zwar aus der mittleren bis höheren Schichtstrukturen entstammen, die jedoch mäßig engagiert im Lesen sind. Daraus lässt sich schlussfolgern, dass die Förderung des Leseengagements bzw. der Lesemotivation soziale Differenzen überbrücken sowie wichtige Veränderungsprozesse in Gang setzen kann (vgl. Kirsch et. al. 2002, 3). Belesene Eltern können sich folglich sehr positiv auf die kindliche Lesesozialisation auswirken, indem sie vorlesen oder als Lieferanten von Lesestoff und -tipps avancieren. Die Bedeutung von Geschwistern und anderen Familienmitgliedern ist bis heute unzureichend erforscht, sie scheinen jedoch auch einen Vorbildcharakter im Lesesozialisationsprozess einzunehmen (vgl. Philipp 2011, 95ff.). Festzustellen bleibt, dass es eine enge Verbindung zwischen der Lesesozialisation und individuellen sowie sozialen Faktoren gibt: Geschlecht, soziale Herkunft, Familie, Geburtsland und Bildungsgrad der Eltern sind hier bedeutsame Indikatoren für eine leseförderliche Entwicklung des Kindes (vgl. ebd., 19). Eine planvolle Förderung der Lesemotivation von Jungen im Deutschunterricht muss daher nicht nur die sozioökonomischen Hintergründe, sondern auch die im Prozess der primären Sozialisation erworbenen Kompetenzkonstellationen berücksichtigen. Es ist folglich Aufgabe des Deutschunterrichts, die SuS dort abzuholen, wo sie hinsichtlich ihrer Lesevorerfahrungen und Lebenswelt positioniert sind. Um die Perspektiven für die Förderung von Lesemotivation aufzuzeigen, wird daher im Folgenden eine Begriffsbestimmung von Lesekompetenz und Lesemotivation vorgenommen.

1.3 Lesekompetenz und Lesemotivation

In der internationalen Bildungspolitik fand in den letzten zwei Jahrzehnten ein wichtiger Paradigmenwechsel statt: Die heutige Schulzeit soll keine reinen Bildungsinhalte mehr vermitteln, vielmehr geht es gegenwärtig darum, Kompetenzen oder Qualifikationen zu erlangen, die in einer globalisierten Welt nicht einfach veralten (vgl. Garbe et al. 2009, 19). Der Erwerb von Lesekompetenz ist seit den PISA- und IGLU-Studien zu einem Schlüsselbegriff in der fachdidaktischen Diskussion geworden. Sie gilt heute als Primärfähigkeit für das Leben in unserer Gesellschaft (vgl. Spinner 2010, 48). Die heutige Wissensgesellschaft und der damit verbundene rasante gesellschaftliche Wandel fordern geradezu Basiskompetenzen, die ein lebenslanges Lernen ermöglichen. Die Inhalte selber scheinen daher eher sekundär, vielmehr rücken die Kompetenzen, also Fähigkeiten in den Vordergrund, die auf andere Gegenstände übertragbar sind (vgl. Garbe et al. 2009, 19).

Theoretisch moduliert drückt Lesekompetenz die Fähigkeiten aus, Schrift zu erkennen, Buchstaben zu dekodieren, Wörter zu lesen, Sätze zu verstehen, Satzverbindungen herzustellen und letztlich Zusammenhänge zu begreifen sowie über Texte nachzudenken (vgl. Spinner 2010, 49ff). Der Bedeutungshof, der die Begrifflichkeit Lesekompetenz (Reading Literacy nach PISA) umgibt, beinhaltet jedoch weitere differenzierte und äußert heterogene Elemente, die - neben basalem Verstehen von geschriebenen Texten - deren Verwendung und letztlich ihrer Reflexion, vor allem auch die Entwicklung des eigenen Wissens und Potenzials zur Teilhabe am gesellschaftlichen Leben implementiert (vgl. Artelt et al. 2000, 80). IGLU definiert Lesekompetenz analog dazu in einem Stufenmodell: Hier werden Kriterien wie die ‚Nutzung textimmanenter Informationen' (Einzelinformationen/ Beziehungszusammenhänge erkennen und wiedergeben und einfache Schlussfolgerungen daraus ziehen) und das ‚Heranziehen externen Wissens' (über Inhalte/ Strukturen reflektieren, Sprache und Inhalte prüfen und bewerten sowie komplexe Schlussfolgerungen ziehen/ begründen bzw. das Gelesene interpretieren) zur Begriffsbestimmung der Lesekompetenz herangezogen (s. Anhang) (vgl. Bos et. al. 2003, 7).

Lesen ist demnach nicht nur das Zuordnen von Buchstaben und Lauten oder die Informationsentnahme aus Sachtexten, Lesen sollte vielmehr eine Vertiefung mit anderen Lebenskonzepten fördern, Empathie oder Distanz entfalten und zu eigenen Reflexions- bzw. Denkprozessen anregen (vgl. Plath 2010, 37). Im Sinne einer angestrebten individuellen gesellschaftlichen Handlungs- und Partizipationsfähigkeit innerhalb unserer Mediengesellschaft kann eine Lesepersönlichkeit, die alle Funktionen des Lesens situativ und funktional realisiert, als primäres Bildungsziel formuliert werden (vgl. Garbe et al. 2009, 19). Dabei muss jedoch berücksichtigt werden, dass Lesen keine Tätigkeit ist, „[...] die man einmal erworben hat und dann auch nach Jahren der Unbeweglichkeit noch (mehr oder weniger sicher) beherrscht" (Gölitzer 2003b, 103). Die Entwicklung von Lesekompetenz ist ein fortlaufender Prozess, der einer konstanten Förderung bedarf und gerade außerhalb der Schule eigenverantwortlich strukturiert werden muss. Unter Experten herrscht Konsens bezüglich drei wesentlicher Grundbedingungen:

- Zum einen hilft es, wenn die Eltern vorlesen;
- Zum anderen gilt: wer früh selbstständig liest, führt dies in der Regel unabhängig fort;
- wer dagegen bis zum zwölften Lebensjahr kein autarker Leser geworden ist, wird diesen Pfad in der Regel nicht mehr verlassen (vgl. Gaschke 2002, 22).

Die Bedeutung einer frühen Förderung wird bereits hier offensichtlich: Das „[...] Anfangsinteresse an Büchern muss weit vor der ersten Klasse geweckt werden – entweder von den Eltern oder im Kindergarten" (ebd., 22). Der Erwerb der Lesefähigkeit gilt als „eine unabschließbare Deutungspraxis", mit der heterogene Haltungen, Strategien und Deutungsmustern konstruiert werden und die letztlich in unterschiedliche Lebenserwartungen münden (vgl. Gölitzer 2003b, 103). Zudem ermöglicht Lesekompetenz als Basisfähigkeit auch die essenzielle Teilhabe an unserer hochmedialisierten Gesellschaft und realisiert damit eine konstante Weiterentwicklung notwendiger Medienkompetenzen (vgl. Luca et al. 2007, 112). Demnach sind Vermittlungsinstanzen heute mit vielfältigen Anforderungen konfrontiert. Besonders unter dem Kriterium der Brauchbarkeit geht es nicht mehr allein darum, „[...] eine theoretisch möglichst differenzierte Konstruktexplikation vorzunehmen; vielmehr müssen auch die empirischen Bedingungen des medialen Wandels im zwanzigsten Jahrhunderts berücksichtigt werden [...]" (Groeben 2006, 11f.). Lesekompetenz kann folglich als eine ziel-orientierte und spezifische Basis charakterisiert werden, welche den Ausbau von Interessens- und Nutzungsstrukturen manifestiert. Diese erlauben eine bedürfnisgerechte, flexible und individuelle Ausgestaltung differenter Medienformen. Im diesem Sinne übernimmt die Lesekompetenz weiterhin eine Schlüsselfunktion in unserer Mediengesellschaft. Lesen als Basiskompetenz hieße im dem Fall auch, im besonderen Maße von der Nutzung der Medien zu profitieren (vgl. Schreier/ Rupp 2006, 268). „Der Rückgang der Lesetätigkeit, der zwangläufig auch zu einer Minderung der Lesekompetenz führen würde, hätte also gravierende Folgen für die Mediennutzungskompetenz und damit für die Partizipationsfähigkeit des Individuums in nahezu allen gesellschaftlichen Handlungsbereichen" (Vorderer/ Klimmt 2006, 216).

Heute herrscht Einigkeit darüber, dass die Einstellung und Motivation zum Lesen maßgeblich die eigentliche Leseleistung beeinflusst (vgl. Luca et al. 2007, 91). Es lässt sich empirisch belegen, dass SuS mit hoher Motivation und ausgeprägtem Selbstvertrauen erfolgreicher im Lernprozess sind als diejenigen, die kein Vertrauen in ihre Leistungsfähigkeit haben. Deshalb lässt sich schlussfolgern, dass eine hohe Lesemotivation eine anspruchsvollere Auseinandersetzung mit Literatur und Leseaufgaben bewirkt und dem SuS die nötige Ausdauer zur Bewältigung der schulischen Aufgaben verleiht. Eine Lesemotivationssteigerung vermeidet so die Gefahr eines niedrigen Leseniveaus sowie des Verpassens wichtiger Lernchancen (vgl. Bos et al. 2008, 79). „Das Interesse am und die Einstellung zum Lesen, die Zeit die [SuS] in ihrer Freizeit mit Lesen verbringen, und die Vielseitigkeit des Lesestoffs stehen [also] in engem Zusammenhang mit der Lesekompetenz" (Kirsch et.al. 2002, 3).

Ein bedeutsames Ziel des Literaturunterrichts muss also die Entfaltung einer beständigen Lesemotivation sein. Wer nicht auch außerhalb der Schule zum Lesen motiviert werden kann, für den sind auch andere Kompetenzen im Umgang mit Literatur relativ bedeutungslos (vgl. Lange 2005, 947). Richter/ Plath konkretisieren Lesemotivation diesbezüglich in folgenden Aspekten: „Beliebtheit des Lesens, die aufgewendete Zeit für das Lesen, Aspekte des Gefallens am Lesen, gegenwärtiges Lesen von Büchern und Geschichten und die Stellung des Lesens im Vergleich zu anderen Freizeitbeschäftigungen" (Richter/ Plath 2007, 42). In der Arbeit mit Jungen ist es demnach wichtig, dass erkannt wird, dass Lesekompetenz und Lesemotivation in enger Verknüpfung zueinander stehen. Kinder mit geringer Lesekompetenz zeigen folglich auch keine hohe Lesemotivation, gelingt es jedoch das Interesse der Jungen am Lesen zu wecken, so entwickelt sich zwangsläufig die Lesekompetenz weiter (vgl. Luca et al. 2007, 130). Bezug nehmend auf diese Feststellung möchte ich in dieser Arbeit daher nicht auf spezifische Lesestrategien eingehen, vielmehr ist es mein primäres Interesse, die Möglichkeiten und Perspektiven der Motivationssteigerung aufzuzeigen und damit eine Verbindung zur Kompetenzsteigerung zu knüpfen. „Da das Leseinteresse ein relativ wichtiger Faktor zur Vorhersage der Lesekompetenz ist, muss eine didaktische Konsequenz lauten, dass für eine gezielte Leseförderung neben der Vermittlung von Lesestrategien und einer Verbesserung der Informationsverarbeitung auch die Steigerung der Lesemotivation stehen muss" (Schilcher/ Hallitzky 2004, 114). Es ist erwiesen, dass „Gern-Leser" unter Berücksichtigung ihrer persönlichen Kompetenzen letztlich auch „Besser-Leser" sind, demnach ergibt sich für die Schule und den dortigen Unterricht die Aufgabe, Lesemotivation und Leseinteresse möglichst individuell zu fördern (vgl. ebd., 126). Die Förderung der Lesemotivation muss daher zwingend geschlechtsspezifische Differenzen berücksichtigen.

1.4 Geschlechterspezifische Unterschiede in der Leseforschung

Nach Garbe bestätigen alle empirischen Untersuchungen aus den letzten Jahren, dass die Lesekompetenz einer stark geschlechtsspezifischen Mediennutzung unterliegt. Trotz des Trends zur Koedukation oder zur Sensibilisierung von Geschlechterunterschieden verstärken sich diese Tendenzen weiterhin und generieren langfristig stabile Geschlechterunterschiede beim Lesen. Die prägnantesten Unterschiede lassen sich anhand von fünf Punkten darstellen:

1. Lesequantität: Mädchen lesen mehr als Jungen;
2. Lesestoffe oder Lektürepräferenzen: Mädchen haben andere Genrepräferenzen als Jungen (und umgekehrt);
3. Lesemodalitäten: Mädchen lesen emphatisch und emotional involviert, Jungen sachbezogen, phantastisch und distanziert;
4. Lesefreude: Mädchen haben einen stärkeren Bezug zum Lesen und geben dieses häufiger als Jungen als ihre liebste Freizeitbeschäftigung an;
5. Lesekompetenz: Mädchen lesen besser als Jungen – auch auf internationaler Ebene. Die Lesekompetenz ist vor allem im Bereich ‚Reflektieren und Bewerten' besser ausgebildet als bei den Jungen (vgl. Garbe 2007, 66f.).

Die aufgezeigten Geschlechterunterschiede gehören bereits seit Jahren zu den stabilsten Resultaten, die innerhalb der Leseforschung hervorgebracht wurden. Schon vor PISA war es der Forschung bewusst, inwieweit Jungen und Mädchen sich hinsichtlich von Lesekompetenz, -interesse und -intensität unterscheiden, doch erst PISA hob die geschlechtsspezifischen Gegensätze im internationalen Rahmen ins Bewusstsein der Öffentlichkeit (vgl. Schilcher 2010, 357). Mädchen sind also gegenüber dem Lesen in der Schule und in der Freizeit positiver eingestellt und verfügen des Weiteren über eine höhere Motivation als Jungen (vgl. Philipp 2011, 46f.). Überdies kommt auch die Shell-Studie zu dem Ergebnis, dass eine geschlechtsspezifische Nutzung von Printmedien vorliegt. So hält die Studie fest, dass Mädchen nicht nur mehr lesen als Jungen – fast doppelt so viele Mädchen wie Jungen (im Alter von 12-25 Jahren) geben das Lesen als eine der häufigsten Freizeitbeschäftigungen an (vgl. Deutsche Shell 2002, 78). Philipp (2011) stellt durch den Vergleich mehrerer Studien grundsätzliche Muster zu den Facetten der Lesemotivation bei Mädchen und Jungen heraus. Erstere sind deutlich stärker intrinsisch motiviert, schätzen das Lesen mehr und integrieren es stärker in das soziale Miteinander, während dagegen Jungen tendenziell Lesen vermehrt als Wettkampf wahrnehmen (vgl. Philipp 2011, 45). Das folgende Kapitel soll nochmals spezifischer auf die Schulleistungsstudien PISA und IGLU eingehen und die Geschlechterunterschiede im Bereich der großen Forschungsstudien beleuchten und diskutieren.

1.4.1 PISA und IGLU

Die PISA-Studien (Programme for International Student Assessment) untersuchen in einem 3-jährigen Turnus und unter Berücksichtigung eines individuellen Schwerpunktes gezielte Kompetenzbereiche bei 15-jährigen SuS. Hierbei wurden neben der Leseleistung (Schwerpunkt 2000), ebenfalls die mathematischen (Schwerpunkt 2003) und die naturwissenschaftlichen Kenntnisse (Schwerpunkt 2006) erhoben und mit Bildungsergebnissen anderer teilnehmender Länder verglichen. Im Mittelpunkt des Erkenntnisgewinns steht die Frage, inwieweit SuS in der Lage sind, Wissen in schulischen und außerschulischen Kontexten ergiebig einzusetzen (vgl. Prenzel et al. 2007, 32). „Im Jahr 2009 wurden [dann] die Leistungen der Schülerinnen und Schüler [nochmals] im Bereich Lesen sehr differenziert getestet. Hierzu gehörten die Fähigkeiten, aus Texten Informationen zu ermitteln, Interpretationen abzuleiten und Gelesenes zu reflektieren und zu bewerten" (http://pisa.dipf.de/de/pisa-2009/lesen). Die Untersuchungen bei PISA zur Lesekompetenz forderten von den SuS anhand eines breiten Spektrums an Texten verschiedene Fertigkeiten, indem unterschiedliche Situationen und Perspektiven eingenommen und bearbeitet werden mussten (vgl. Kirsch et al. 2002, 4). „Die PISA-Ergebnisse zeigen, dass Mädchen in allen teilnehmenden Ländern auf der Gesamtskala Lesekompetenz besser abschneiden als Jungen" (ebd., 136). Im konkreten Vergleich zwischen den Geschlechtern fallen dabei auch in der aktuellen Studie auf nationaler und internationalen Ebene teilweise große Unterschiede zwischen Mädchen und Jungen auf. Letztere erbrachten, wie auch in der vorigen PISA-Studie, niedrigere Leistungen und schnitten im OECD (Organisation for Economic Co-operation and Development)- Durchschnitt mit 39 Punkten schlechter ab als die Mädchen. In Deutschland beträgt die Differenz 41 Punkte und wird mit geschlechtsspezifischen Einstellungen, Verhaltensweisen und Präferenzen begründet. Diese Erkenntnis geht mit der Empfehlung für Lehrpläne, Unterrichtsmaterial und -methoden einher, die durch gezielte Förderung von Lesemotivation bei Jungen das Leseengagement steigern sollen, um somit dem Leistungsgefälle entgegenzuwirken (vgl. OECD 2010, 63ff). Obwohl die Zielgruppe der 15 –jährigen SuS nicht dem thematischen Fokus dieser Arbeit entspricht und die PISA Studie deshalb nicht expliziter behandelt wird, zeigen die Ergebnisse dennoch, dass sich geschlechtsspezifische Differenzen ebenfalls auf internationaler Ebene bestätigen und die Unterschiede zwischen den Geschlechtern weiterhin Bestand haben.

Auch in der IGLU-Schulleistungsstudie (Internationale Grundschul-Lese-Untersuchung) zeigte sich, dass Mädchen (am Ende der 4. Jahrgangsstufe in der Grundschule) in allen teilnehmenden Staaten von Europa und der OECD (Ausnahme Luxemburg und Spanien) bessere Leseergebnisse erzielen als Jungen. Jedoch ist der Leistungsvorsprung der Mädchen in Deutschland mit einem Wert von 7 Punkten (Leistungsvorsprung international: 17 Punkte) vergleichsweise gering. In der spezifischeren Betrachtung der deutschen Bundesländer lassen sich jedoch signifikante Unterschiede im Leistungsvorsprung der Mädchen feststellen. Während in

Berlin (-1), Hessen (0) und Hamburg (4) die Mittelwertdifferenz zwischen den Geschlechtern nicht als signifikant zu bezeichnen ist, lassen sich im Saarland (15), Sachsen (16), Brandenburg (16) und Sachsen-Anhalt (18) erheblich höhere geschlechtsdifferente Leistungsunterschiede nachweisen. Nordrhein-Westfalen liegt mit einem Wert von 6 weit unter dem internationalen Durchschnitt (17) (vgl. Bos et al. 2008, 77f.). „Es zeigte sich, dass die Geschlechterdifferenz beim Ermitteln von Informationen am geringsten und beim Reflektieren und Bewerten von Textinhalten am größten ausfällt. Der Kompetenzvorsprung der Mädchen wächst also mit steigendem Anspruch an die textbezogenen Fähigkeiten" (Luca et al. 2007, 113). Hinsichtlich der Leseleistungen in den verschiedenen Textsorten ergibt sich, dass Mädchen im internationalen Vergleich besser im Leseumgang mit literarischen Texten abschneiden als Jungen - bei informierenden Texten schwindet jedoch der Vorsprung der Mädchen. (vgl. Bos et al. 2007, 217). Insgesamt sind hier die Geschlechterunterschiede zwar vorhanden, jedoch in einer Gesamtbetrachtung nur gering bis mittelstark ausgeprägt. Das Geschlecht könnte also im Kontext der Lesekompetenz gemäß dieser Ausgangslage für Lehrkräfte weniger wichtig sein als beispielsweise bei der Lesemotivation oder dem Leseverhalten (vgl. Philipp 2011, 71ff.). Neben der Lesekompetenz zeichnen sich bedeutsame Abweichungen zwischen Jungen und Mädchen hinsichtlich ihrer Lesemotivation ab: In allen Bundesländern ließ sich ein signifikanter Unterschied in der Lesemotivation von Jungen und Mädchen feststellen – so gibt es mehr Mädchen als Jungen mit einer höheren Lesemotivation. Besonders groß sind die Differenzen in Bundesländern wie Baden-Württemberg, Saarland oder Mecklenburg-Vorpommern – einen noch immer vergleichsweisen hohen Anteil von Jungen mit niedriger Lesemotivation sind ebenfalls in den Ländern Brandenburg (25%), Sachsen-Anhalt (18%) und Saarland (17%) zu verzeichnen (vgl. Bos et. al. 2008, 84f.). Zuletzt ist auch das Leseverhalten von geschlechtsspezifischen Unterschieden betroffen. Während im internationalen Vergleich von EU und OECD 24% der Jungen und 13% der Mädchen angaben, im außerschulischen Bereich nie oder fast nie zum Vergnügen zu lesen, sind in Deutschland geringere Werte (Mädchen: 9%; Jungen: 19%) registriert worden. Dennoch zeigen diese Erkenntnisse, dass doppelt so viele Jungen im Vergleich zu den Mädchen nie oder nur selten zum Vergnügen lesen. Aber auch hier sind erneut starke Differenzen im nationalen Bereich zu verzeichnen (vgl. ebd., 85f.). Die Durchschnittswerte der Leseleistungen von Jungen und Mädchen sind zusammenfassend nur gering different. Die Unterschiede zwischen den Geschlechtern in den motivationalen Merkmalen sind dagegen erheblich: So weisen in Deutschland 69% der Mädchen und lediglich 47% der Jungen einen hohen Indexwert in der positiven Einstellung zum Lesen auf (vgl. Bos et al. 2008, 97).

Zwar konnte der Leistungswert von Jungen in der aktuellen IGLU Studie 2006 vermutlich aufgrund neuer Leseprojekte und einer stärkeren Fokussierung des männlichen Geschlechts um insgesamt 11 Punkte gesteigert werden (Steigerung bei Mädchen: 6 Punkte), jedoch ist die nach wie vor geringe Lesemotivation von Jungen vor allen in Brandenburg, Mecklenburg-Vorpommern, Sachsen-Anhalt und im Saarland noch immer als äußerst problematisch zu bezeichnen (vgl. ebd.). Diese Befunde verdeutlichen, wie wichtig es ist, im schulischen Bereich neue Leseanreize zu setzen und mit einer geschlechtersensiblen Leseförderung die speziellen Leseinteressen der Jungen und Mädchen zu berücksichtigen. Eine geschlechtersensible Didaktik muss also darauf abzielen, Identifikationsangebote für Jungen (und Mädchen) zu machen, die gezielt die Lesemotivation fördern und vorantreiben (vgl. Bos et. al. 2007, 333).

Diese Tendenzen verstärken sich beim Übergang in die weiterführenden Schulen durchaus erheblich. „In jedem Land liegt der Anteil der nicht zum Vergnügen lesenden Jugendlichen mindestens doppelt so hoch wie der entsprechende Anteil an Grundschulkindern, in manchen Ländern sogar dreimal so hoch" (vgl. Bos et. al. 2008, 90). Die Grundschulzeit hat demnach eine essentielle Bedeutung bei der Grundlegung und Prägung einer effizient nutzbaren Lesemotivation. Wird die Chance auf eine elementare Förderung der Lesemotivation im Primärbereich vergeben, kann dies schwerwiegende Einschnitte in der Kompetenzentwicklung in der weiteren Schullaufbahn bedingen – prägnantes Beispiel dafür sind die PISA Ergebnisse.

Zudem weisen wissenschaftliche Langzeitstudien darauf hin, dass sich das Leseverstehen nicht in jedem Altersabschnitt linear gleich entwickelt. Stattdessen flacht mit zunehmendem Alter die Wachstumskurve immer mehr ab, sodass die größten Lernzuwächse im Leseverstehen ebenfalls im Grundschulalter zu verzeichnen sind (vgl. Philipp 2011, 74).

Es muss kritisch angemerkt werden, dass die Geschlechterdifferenzen bei allen benannten Schulleistungsstudien wie PISA, IGLU und LAU nur am Rande betrachtet worden sind. Im Zentrum des Interesses stehen primär andere Leistungsunterschiede (vgl. Jantz/ Brandes 2006, 28). PISA konzentriert sich fast ausschließlich auf die kognitiven Dimensionen von Lesen. Motivation, Emotionen oder Interaktivität, die in den Leseprozess einfließen, werden nur am Rande betrachtet und spielen in dieser Studie eine vergleichsweise geringe Rolle (vgl. Hurrelmann 2003, 13).

1.4.2 Lesepräferenzen und Schulrealität

„Lesekompetenzen können wir jungen Menschen in der multimedialen Welt nur dann erfolgreich vermitteln, wenn wir ihnen Zugänge zu den Texten schaffen, die für sie attraktiv sind [...]" (Heidtmann 2000, 35). Doch welche Literatur schafft die notwendigen Leseanreize für Jungen und was genau muss die Lehrkraft bei der Auswahl berücksichtigen? „In der Kinder- und Jugendbuchforschung taucht der Begriff „Jungenbuch" heute nur als historischer Begriff auf. Man kümmert sich mehr um die Emanzipation der Mädchen als um die der Jungen" (Kliewer 2004a, 23). Die zentralen Jungenfiguren in der Kinder- und Jugendliteratur repräsentieren häufig das Rollenbild und damit auch das Klischee des Abenteuerhelden. Literarische Mädchenfiguren haben dagegen bereits das stereotypisierte Rollenbild durchbrochen und sind den Jungen in der Abgrenzung typischer Stigmatisierungen voraus. Verschiedene Jungenbücher „zeigen den starken Erwartungsdruck der Umwelt wie auch die Scham der Jungen, dem internalisierten Rollenbild nicht zu entsprechen" (vgl. Schilcher 2004, 13). Interessant ist vor allem, dass Jungen (im Gegensatz zu den Mädchen) sich nicht aktiv gegen diese Rollenerwartungen wehren, sie nehmen sie sogar in ihr Selbstkonzept auf. Dies liegt insbesondere daran, dass die Konnotationen meist positiv besetzt sind und ein Aufbrechen hier irrelevant zu sein scheint (vgl. ebd., 11ff.). Betrachtet man dazu die ‚Jungenbücher' aus den 90er Jahren, so fällt auf, dass die zentralen Themen sich häufig um die Beziehung zum Vater, Sport, Gewalt oder Sexualität drehen. Problematisch ist das dann, wenn Gewalt und Aggressionen als Normalität im männlichen Sozialisationsprozess dargestellt werden (vgl. Kliewer 2004a, 24f.). Diese Form von Jungenliteratur wollen viele Lehrkräfte zu Recht nicht in ihrer Unterrichtsplanung einsetzen. Dem gegenüber empfinden die Jungen jedoch auch die ‚emanzipativen' Jungenbücher als zu gefühlsbetont, aktionslos oder zu langwierig - zusätzlich bedrohen diese auch die männliche Selbstfindung (vgl. ebd., 30). Daraus entsteht ein Dilemma, dass sich durch das beständige Männerbild in der Literatur und der Forderung nach mehr Empathie und Gefühl herausbildet:

> Wollen wir den Emanzipationsprozess vorantreiben, also die Geschlechterrollenangleichung wie sie die Kinder- und Jugendliteratur vorführt [...] unterstützen oder wollen wir, nachdem wir erkannt haben, dass mit diesen Rollenbildern bei Jungen kein Blumentopf – also keine Lesemotivation zu erreichen ist, die Rollenbilder übernehmen, die sie von anderen Medien kennen und akzeptieren, um dadurch vielleicht mehr Akzeptanz der literarischen Kultur bei den Jungen zu erreichen? (Schilcher/ Hallitzky 2004, 117).

Das Problem liegt letztendlich darin, dass die Gesellschaft noch immer das Bild des Mannes durch Negativforderungen kennzeichnet und charakterisiert. Denn dieser darf *nicht* zu aggressiv, zu stark oder zu selbstbewusst sein – einen sogenannten ‚Softie' darf er dagegen ebenfalls *nicht* verkörpern. Das führt dazu, dass die Jungen zunehmend desorientiert auf der Suche nach männlichen Vorbildern sind (vgl. Kliewer 2004a, 30). Der Deutschunterricht sollte die von den Jungen häufig abgelehnten emotionalen Aspekte zwar nicht ignorieren, gleichwohl besteht jedoch die Gefahr, dass durch eine subtile, dauerhafte Konfrontation und den Zwang sich mit Emotionen, Gefühlszuständen und sensualistischen Eindrücken auseinandersetzen zu müssen, eine Abwehrhaltung auf Seiten der Jungen herbeigeführt wird. Sinnvoller wäre es, den Interessengebieten der Jungen mehr zu entsprechen und auf sicherem Grund einen Vorstoß an die besagten Gegenstände zu wagen – selbst mit Science Fiction-, Abenteuer- oder Sachliteratur ist dies erreichbar (vgl. Schilcher/ Hallitzky 2004, 125f.). „Das Interesse am Gegenstand und nicht der Druck oder eine abstrakte Verheißung, später einmal gut lesen zu können, kann zur Motivation für die Jungen werden, ihre schwierige Ausgangssituation zu bewältigen" (Luca et al. 2007, 130f.). Der Literaturunterricht in der Grundschule kann folglich nur lesemotivierend auf Jungen (und Mädchen) wirken, wenn er die entsprechenden Lektürepräferenzen der Geschlechter berücksichtigt (vgl. Plath 2010, 38).

Ich lese gern Texte, ...	Gesamt	Klassenstufe			Geschlecht	
		2	3	4	Ju	Mä
... die über bestimmte Dinge informieren	55,9	61,5	58,3	48,9	59,0	52,9
... in denen Abenteuer erzählt werden	64,4	69,0	60,1	64,5	63,7	65,1
... in denen Märchen, Sagen und Phantasiegeschichten erzählt werden	45,0	58,3	41,2	37,2	35,0	55,1
... in denen Tiergeschichten erzählt werden	45,4	67,0	41,9	29,7	31,7	59,0
... in denen wahre Geschichten erzählt werden	25,0	38,4	19,6	18,6	25,0	25,1
... in denen es um Fernsehsendungen oder Fernsehfilme geht	27,1	37,7	25,9	18,9	28,6	25,6

Abb. 17: Welche Bücher/Geschichten liest du gern? (in Prozent)

(Abb.2: Entnommen aus: Richter/ Plath 2007, 64)

Die Lesepräferenzen der Grundschüler liegen sowohl im Jahr 2001 wie auch im Jahr 2009 mit deutlicher Dominanz im Bereich der *Abenteuergeschichten* - verbunden mit phantastischen Elementen. Dieses Genre nimmt unabhängig von Geschlecht und Klassenstufe vorrangig den ersten Platz ein. Während 2001 J.K. Rowlings Harry Potter die meisten Nennungen erzielte, kommen im Jahr 2009 weitere Buchtitel wie etwa Cornelia Funke (Tintenherz), Michael Ende (Die unendliche Geschichte) und Astrid Lindgren (Ronja Räubertochter) hinzu. Die genannten Klassiker der Kinderliteratur weisen indes keine geschlechtsspezifischen Interessenspräferenzen auf, sondern werden von beiden Geschlechtern gleichermaßen bevorzugt (vgl. Plath 2010, 38f.). Der Medienpädagogische Forschungsverbund Südwest weicht von diesen Untersuchungsergebnissen ab. Mit Ausnahme von Harry Potter finden die oben benannten Kinderklassiker in der KIM-Studie 2010 (Kinder + Medien, Computer + Internet) über die momentan präferierten Bücher von Jungen und Mädchen keine Erwähnung. Außerdem zeigen sich hier sehr wohl bereits geschlechtsspezifische Lektürevorlieben: Jungen bevorzugen die drei Fragezeichen mit 6% (Mädchen 1%) und Harry Potter mit 15% (Mädchen 5%) deutlich mehr als die Mädchen.

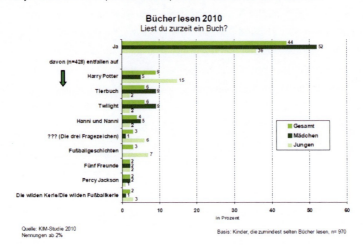

(Abb.3: Entnommen aus: Mpfs 2011, 24)

Ein möglicher Grund dafür könnte sein, dass Harry Potter in früheren Erscheinungsjahren ebenfalls bei den Mädchen eine bedeutendere Rolle spielte – jetzt jedoch Bände wie *Twilight* mehr in den Vordergrund gerückt sind - und *die drei Fragezeichen* aufgrund des Abenteuergenres und dessen männliche Heldenfiguren besonders von Jungen präferiert werden. In diesem Kontext ist darauf hinzuweisen, „[...] dass geschlechtsspezifische Kompetenzunterschiede bei ähnlichen Leseinteressen geringer ausfallen, bei gleicher Lesefreude entfallen sie nahezu" (Luca et al. 2007, 94). Auffällig ist hier ebenfalls, dass alle aktuell aufgezeigten Bücher, welche die Kinder zum momentanen Zeitraum lesen, eine Verknüpfung zum Kino oder Fernsehen aufweisen (vgl. Mpfs 2011, 24). „Jungen aller Altersstufen nutzen erzählende Literatur - wie andere Medien auch - immer stärker ausschließlich unterhaltungs- und erlebnisorientiert. Der Aspekt des informatorischen Lesens, den frühere Erhebungen bei männlichen Lesern als zentral nachgewiesen haben, verliert an Bedeutung" (Bischof/ Heidtmann 2002, 6).

Die empirischen Befunde zu entsprechenden Lektürepräferenzen fallen folglich unterschiedlich aus und unterliegen medial verstärkten Trends. Generell lässt sich feststellen, dass das Bücherspektrum zudem sehr breit gefächert ist und stets neue Leseinhalte produziert, die individuell Anklang finden. Dennoch lassen sich in der Leseforschung geschlechtsspezifische Differenzierungsmerkmale erkennen, die es erlauben, zu den ausgewählten Genres differenzierte und auch übereinstimmende Lektürepräferenzen von Jungen und Mädchen festzuhalten:

Krimis und Detektivgeschichten werden von beiden Geschlechtern bevorzugt behandelt, jedoch besteht hier ein spezielles Interesse der Jungen in der Rubrik Ritter, Räuber und Indianer – Mädchen favorisieren dagegen mehr die Kategorie Hexengeschichten (vgl. Plath 2010, 39).

Die *Sachliteratur* wird prozentual vermehrt von den Jungen sympathisiert, dennoch erreicht diese Textklasse auch bei Mädchen den zweiten Platz. Entscheidend ist hier, dass sich starke geschlechtsabhängige Interessenunterschiede *innerhalb* der Sachliteratur herausbilden: So geben die Jungen vor allem Themen wie Sport, Auto, Technik und Wissenschaft den Vorrang, bei den Mädchen werden im Vergleich dazu mehr Themen wie Tiere, Geographie, Geschichte und Menschen favorisiert (vgl. ebd., 39). Die Darstellung, dass Jungen im Vergleich zu den Mädchen deutlich mehr zur Sachliteratur tendieren, lässt sich nicht bestätigen. In der Betrachtung der absoluten Zahlen zeigt sich vielmehr, dass beide Geschlechter mit annähernd gleicher Vorliebe, jedoch mit unterschiedlicher Schwerpunktsetzung, in dieser Rubrik lesen (vgl. Richter/ Riemann 2000, 56).

Im Genre *Märchen* zeichnen sich dagegen wieder stärkere Geschlechterdifferenzen in der Lesepräferenz ab (2009: mit 23,5% Rang 5 bei den Jungen), so bevorzugen wesentlich mehr Mädchen (2009: mit 35,3% Rang 4) dieses Genre. Dennoch kann für beide Geschlechter ein deutlicher Rückgang in der Lesebedeutung für dieses Metier verzeichnet werden (vgl. Plath 2010, 39). „Geschichten mit männlichen Protagonisten, aber auch Märchen, in denen die Konfliktbewältigung – und zwar unabhängig vom Geschlecht des Helden – über einen Kampf und die Konfrontation mit einem Gegenspieler stattfindet, könnte [...] das besondere Interesse der Jungen finden" (ebd., 41).

Überraschend ist dagegen das schlechte Abschneiden der *Realistischen Literatur* – sowohl bei Jungen als auch bei Mädchen. Die Antworten der Kinder deuten stark darauf hin, dass phantastische und abenteuerliche Geschichten in Kombination mit gewissen Spannungsmomenten deutlich häufiger favorisiert werden als realistische Textsorten (vgl. Plath 2010, 39). „Die große Mehrheit der lesenden Jungen bevorzugt eindeutig erzählende Literatur, lediglich ein Viertel liest nur Nonfiction [...]" (Bischof/ Heidtmann 2002, 2).

Ausgehend von den differenten Interessenskonstellationen innerhalb der diversen Literaturgenres zeigen sich ebenso geschlechtsspezifische Zugänge zur Literatur. Jungen setzen infolgedessen andere Erwartungen an eine spannende Geschichte als Mädchen. Das verdeutlicht insbesondere die Aufzeichnung folgender Beispiele, in denen SuS gebeten worden sind, die Geschichte von Schneewittchen nach dem Hochzeitsfest in einem freien Arbeitsauftrag weiterzuschreiben:

> *Der junge König musste mit den Soldaten in den Krieg ziehen. Schneewittchen hatte große Sorgen um ihren Mann. Ein paar Knochen waren von der alten Königin noch übrig geblieben. Das Pferd des jungen Königs stolperte über die Knochen und fiel hin. Die Gegner nutzten dies aus und versuchten den jungen König zu stechen. Aber der König kämpfte ganz tapfer, er wurde schlimm verwundet aber dann besiegte er sie doch noch und der Krieg war beendet. Da war Schneewittchen sehr stolz. (Junge, Klasse 2)*
>
> *Sie kriegt ein Baby. Schneewittchen und der König luden alle ein. Sie feierten ein großes Fest und es war sehr schön. Auch die Kinder wurden eingeladen, alle, die gefunden wurden, wurden eingeladen und das Baby hieß Lili. Lili war so schön wie ihre Mama. Und als Lili größer wurde, ging sie wie ihre Mama zu den Zwergen arbeiten und lernte kochen. (Mädchen, Klasse 2) (Plath 2010, 42).*

Die unterschiedlichen geschlechtsspezifischen Wahrnehmungen verdeutlichen sich zum einen in der Weitererzählung des Mädchens, in der es sich um die Ehe, Liebe und Zukunft des gemeinsamen Kindes dreht und zum anderen in den gegenteiligen Ausführungen des Jungen, der eine deutlich kriegerische Auseinandersetzung bevorzugt. Diese vorhandenen Gegensätze veranschaulichen noch einmal die unterschiedlichen Interessenslagen der beiden Geschlechter, weiter zeigen sie uns jedoch auch auf, dass es in der Unterrichtsplanung essentiell ist, die Literaturauswahl stärker den geschlechtsspezifischen Interessengebieten anzupassen und mithilfe *differenzierter* Aufgabenstellungen *unterschiedliche* Zugänge zur Textproduktion bereitzustellen (vgl. ebd., 42f.). An den oben dargestellten Ausführungen wird deutlich, dass Jungen Lesestoffe bevorzugen, in denen sich die Protagonisten ‚bewähren' müssen, ob im Sport, in fantastischen, gruseligen oder abenteuerlichen Geschichten oder in der Technik – Mädchen suchen dagegen oftmals den ‚human touch' in den Geschichten, d.h. sie präferieren Texte, in denen ein Alltagsbezug abzuzeichnen ist sowie Protagonisten mitspielen, mit denen sie sich identifizieren können oder die einen Vorbildcharakter genießen (vgl. Philipp 2011, 56). Lesemotivation geht eindeutig mit den Lesepräferenzen einher und begründet letztlich die Lesefähigkeit. „Das Eingehen auf die Lust am zu lesenden Inhalt ist so wichtig, weil Lesekompetenz nur durch Lesen, also durch regelmäßiges Üben erlangt werden kann" (Luca et al. 2007, 130). Erst wenn das Interesse an Literatur geweckt ist, kann eine quantitative und qualitative Steigerung im Leseprozess erzielt werden. Die Literaturauswahl ist also ein entscheidender Einflussfaktor hinsichtlich einer gezielten Steigerung der

Lesemotivation von Jungen – es müssen daher dringend die Lesepräferenzen der Geschlechter berücksichtigt werden.

Leider zeigt die aktuelle Praxis immer wieder, dass die eben dargestellten Ergebnisse der Leseforschung keine Beachtung im Unterricht finden. „Die Gegenüberstellung von Leseinteressen der Kinder und schulischem Angebot zeigt, dass die Literaturauswahl an den Interessen junger Menschen vorbeigeht. Die Rubrik, die im Lesespektrum der Kinder den letzten Platz einnimmt, dominiert die Literaturauswahl ihrer Lehrer" (Plath 2010, 40). Noch viel zu häufig wird die realistische Literatur bevorzugt im Unterrichtsgeschehen eingesetzt.

Im Deutschunterricht behandelte Literatur

Realistische Kinderliteratur	43 Titel
Märchen/Sagen	15 Titel
Abenteuerliteratur	14 Titel
Sachliteratur	11 Titel
Tiergeschichten	6 Titel
Bücher zum Film	0 Titel

(Abb.4: Entnommen aus: Plath 2010, 40)

Es zeigt sich, dass kaum Inhalte im Deutschunterricht eingesetzt werden, die den Leseinteressen der Jungen entsprechen, beispielsweise der Umgang mit neuen Medien, sachorientierte Aufgaben wie das Beschreiben in den Textproduktionsphasen oder die Literaturgenre Science Fiction und Fantasy sind vor allem nicht im Unterricht der weiblichen Lehrkräften zu finden (vgl. Schilcher/ Hallitzky 2004, 125). Eine mögliche Erklärung dafür ist, dass Lehrkräfte in ihren Auswahlkriterien für den Deutschunterricht in der Grundschule Zielsetzungen verfolgen, die den Interessengebieten der Kinder entgegenstehen. So spielen häufig pädagogische Wertvorstellungen wie bspw. Toleranzerziehung oder die Thematisierung aktueller Probleme bei der Literaturauswahl eine größere Rolle als die wirklichen Lesepräferenzen der SuS. Dabei stellen die Lehrkräfte hinsichtlich ihrer privaten Lektüreauswahl persönlich die gleichen Ansprüche an ein Buch wie Mädchen und Jungen – vor allem die Forderung nach spannenden Bücher deckt sich bei 89,9% der Lehrkräfte mit den Vorlieben der Kinder (vgl. Plath 2010, 40). „Ein Dilemma der Auswahl von Unterrichtslektüre scheint auch darin zu liegen, dass mancher Text, der sich pädagogisch wertvoll präsentiert und sogar kindliche Vorlieben zu berücksichtigen scheint, sich am Ende als ästhetisch äußerst dürftig erweist" (Richter/ Plath 2007, 80).

So werden überwiegend Texte im Unterricht eingesetzt, die im Hinblick auf die noch weiterzuentwickelnden Lesefertigkeiten und –kompetenzen eine einfache Aufgliederung der Textinhalte ermöglicht – für viele Lehrkräfte erscheint da die Realistische Literatur am geeignetsten (vgl. Plath 2010, 40). „Doch vielleicht verstellt zuweilen [diese] vordergründige pädagogische Orientierung auf den ‚Nutzen' von Literatur den Blick auf die Besonderheit dieses Mediums und seiner Wirkungsweise" (Richter/ Plath 2007, 80). Diese Einstellung erschwert es vornehmlich den Jungen, einen adäquaten Anschluss an die geforderten Inhalte des Literaturunterrichts zu finden, da vor allem für sie nun zwei Rubriken (neben der realistischen Literatur auch das Genre Märchen) bevorzugt im Unterricht eingesetzt werden, für die sie wenig Interesse aufbringen.

Festzuhalten bleibt ebenfalls, dass weibliche Lehrkräfte in ihrem Unterricht zumeist auch ‚weibliche' Literatur einsetzen, die den Jungen zu sensibel erscheint und ihnen keine männlichen Heldenfiguren bietet. So sei es nicht verwunderlich, dass Jungen sich anderen Medienformen zuwenden, die ihnen entsprechende Fiktionen darbringen. Im Zusammenhang von schulischer und familiärer Sozialisation entstehen so äußerst ungünstige Bedingungen für die Jungen hinsichtlich ihrer Lesesozialisation. Die Schulen und Lehrkräfte müssen diese Problemlage erkennen, um adäquater auf die Jungen eingehen zu können und Lesen als Basiskompetenz in einer Mediengesellschaft erfolgreich(er) zu initiieren (vgl. Garbe 2007, 77). Zudem ist „[…] festzustellen, dass in der pädagogischen Praxis noch wenig Sensibilität für die geschlechterspezifischen Differenzen vorherrscht" (Luca et al. 2007, 131). Der Deutschunterricht in der Grundschule muss folglich frühzeitig die Geschlechterunterschiede in der Lesemotivation auffangen und insbesondere die Jungen stärker ins Blickfeld einer erdenklichen Motivationssteigerung nehmen – dies ist nur möglich, wenn die entsprechenden Lektürepräferenzen von Jungen Berücksichtigung finden.

1.5 Verdrehte Geschlechtererwartungen?

„Das Schulsystem produziert haufenweise Verlierer - die Mehrheit ist männlich" (http://www.spiegel.de). So titelte der Spiegel in einem Artikel über die aktuell kursierende Bildungsmisere der Jungen. Doch inwieweit sind Jungen wirklich zu den neuen Bildungsverlierern in Deutschland geworden? Dürfen und sollen Jungen überhaupt als die neuen Problemkinder des Bildungssystems verstanden werden? Dieses Kapitel beschäftigt sich unter Berücksichtigung dieser Problematiken mit der Kontroverse der neu fokussierten Geschlechterthematik und stellt unter anderem auch die feministische Pädagogik einer gleichberechtigten Geschlechterdemokratie gegenüber.

Hinsichtlich der möglichen Gründe für die Nachteile der Jungen im Bildungssystem gegenüber den Mädchen gibt es in Deutschland bislang noch immer ein hohes Forschungsdefizit, so dass sich die Diskussion über die ‚Jungen als die neuen Bildungsverlierer' häufig auf theoretische Überlegungen und empirische Daten stützt, die zum überwiegenden Teil nicht in Deutschland gewonnen werden konnten (vgl. Diefenbach 2010, S.251f.). Zudem besteht eine Kontroverse darüber, ob Jungen tatsächlich als die neuen Förderkinder deklariert werden dürfen. Während sich die Befürworter dieser These innerhalb dieser Debatte vor allem auf die besorgniserregenden Ergebnisse der Jungen (Gymnasialempfehlung, Abbrecherquoten sowie Schulleistungsstudien) stützt, hebt die Gegenposition einige der noch immer von Jungen dominierten Kompetenzbereiche hervor.

Pro-Jungenförderung: Jungen als die neuen Bildungsverlierer

- Neben den zuvor erwähnten Schulleistungsstudien zeigen sich auch andere geschlechtsspezifische Mängel hinsichtlich der defizitären Partizipation von Jungen innerhalb des Bildungssystems. Der Bildungsbericht 2010 verdeutlicht diese Geschlechterunterschiede in einer umfassenden empirischen Bestandsaufnahme, in der es heißt:

  → Mädchen weisen vor Schuleintritt seltener Sprachauffälligkeiten auf als Jungen;
  → Mädchen werden im Vergleich zu Jungen häufiger vorzeitig und seltener verspätet eingeschult;
  → Jungen sind an Förderschulen stark überrepräsentiert;
  → Jungen erreichen häufiger den Hauptschulabschluss als die allgemeine Hochschulreife (32% zu 28%);
  → während es sich bei Mädchen umgekehrt verhält (15% zu 36%);
  → Jungen verlassen häufiger die Schule ohne Abschluss;
  → Junge Männer haben größere Probleme in der Übergangsphase hin zur beruflichen Ausbildung;
  → Es beginnen mehr Frauen als Männer ein Hochschulstudium (vgl.Autorengruppe Bildungsberichterstattung 2010, 6ff.).

Die Position des prototypischen ‚katholischem Arbeitermädchen vom Lande' ist heute vom ‚muslimischen Migrantensohn aus der Großstadt' ersetzt worden (vgl. Kahlert 2010, 73). Die Überpräsentation von weiblichen Lehrkräften und eine damit einhergehende fehlende Identifikation mit männlichen Vorbildern oder die Nicht-Berücksichtigung ‚männlicher Lernwege' werden häufig als Gründe für die Benachteiligung der Jungen im deutschen Bildungssystem herangeführt (vgl. Budde 2009, 76f.).

Contra-Jungenförderung: Jungen sind keine Bildungsverlierer
- Auch unter Berücksichtigung der oben genannten Ergebnisse sieht die GEW (Gewerkschaft Erziehung und Wissenschaft) die Jungen weder als bildungsbenachteiligt noch als Bildungsverlierer an. Vielmehr betonen die Vertreter dieser These, dass die Unterschiede bei den Schulabschlüssen oder den Zugängen zu höheren Bildungsinstitutionen innerhalb der Geschlechter deutlich größer sind als zwischen beiden. Daneben seien Mädchen und Jungen gleichermaßen durch gesellschaftlich zugewiesene Stereotypen benachteiligt und in ihrer Persönlichkeitsentwicklung eingeschränkt. So verdienen gerade Frauen in ihrem Erwerbsleben im direkten Vergleich immer noch ca. 23% weniger Entgelt als Männer und sind nach wie vor primär in weniger privilegierten Berufszweigen überrepräsentiert. Dies ist vor allen dann der Fall, wenn es um Positionen geht, in denen die Vermittlung von fachlichem Wissen oder eine Führungsverantwortung als Handlungsfeld definiert ist. Darüberhinaus sei der Zusammenhang von fehlenden männlichen Vorbildern und den Leistungsdefiziten der Jungen nicht wissenschaftlich bestätigt. Jungen pauschal als Bildungsverlierer zu deklarieren, fördere die Gefahr einer Retraditionalisierung, in der fortan unreflektiert jungentypische Interessen unzutreffend festgeschrieben werden. Das Problem der Feminisierung der Lehrkräfte sei zudem eine pauschalisierte Schuldzuweisung gegenüber Frauen – die tatsächlichen Leistungsunterschiede zwischen den Geschlechtern (bei Jungen und Mädchen) resultieren vielmehr aus den gesellschaftlich zugeschriebenen Männlichkeits- und Weiblichkeitskonstruktionen und erfordern einen grundlegenden Paradigmenwechsel (vgl. GEW 2011, 8ff.).

Die feministische Pädagogik, in der ausschließlich Mädchen und weibliche Rollen in der Literatur fokussiert wurden, beginnt sich zunehmend zu einem geschlechtergerechten Deutschunterricht hin aufzulösen. Anliegen ist es nicht, die Mädchen vor Diskriminierungen zu schützen und ihre Weiblichkeitsentwicklung zu tragen, vielmehr sollen fragwürdige Geschlechterzuweisungen *auf beiden Seiten* aufgebrochen und hinterfragt werden (vgl. Kliewer 2004b, 93). Die Stigmatisierung von

Jungen als neue ‚Problemkinder' des Bildungswesens ist dabei wenig förderlich. Ziel muss es vielmehr sein, die Leistungsdivergenzen durch einen differenzierten und individuell gestalteten Unterricht auszugleichen. Die Jungen müssen hinsichtlich ihrer Lesemotivation gezielter begleitet werden – es ist dann Aufgabe der Lehrkraft, die spezifischen Interessengebiete der Geschlechter adäquat in den Deutschunterricht mit einzubeziehen, ohne den Fokus vollständig auf das komplementäre Geschlecht zu verlagern. Dies begünstigt eine gleichberechtigte Geschlechterdemokratie, die weder Jungen noch Mädchen als Problemkinder festschreibt, noch ihre Defizite geschlechtsspezifisch stereotypisiert. Bis heute wurde kein Konsens im wissenschaftlichen Diskurs gefunden.

Die Geschlechtssymmetrie kann als potentieller Lösungsansatz benannt werden, der auch gesellschaftlich als erzieherische Norm Verhältnisse und Bedingungen schafft und eine Marginalisierung eines Geschlechts in konstitutiven Institutionen wie der Schule verhindert, aber kulturelle Verschiedenheiten prinzipiell akzeptiert (vgl. Kaiser 2005, 157). Dennoch gibt es auch heute noch „[…] radikale und eher traditionsbewusste Ansichten darüber, was sich verändern sollte oder auch nicht, Diskussionen über den Einfluss von Genen und Erziehung, Meinungsverschiedenheiten darüber, welche Rolle Elternhaus, Kindergarten, Schule und Politik spielen sollten" (Walter 2005, 11). Pädagogische Interventionen sind nur sinnvoll und nachhaltig, wenn sie an Lernvoraussetzungen anschließen, ohne dabei Mädchen und Jungen nach einem festgelegten Modell formen zu wollen. (vgl. Kaiser 2005, 157f.).

1.6 Schlussfolgerungen

Alle empirischen Studien weisen darauf hin, dass Jungen bereits in der Grundschule zunehmend weniger gern lesen als Mädchen. Das Lesebedürfnis zielt dabei überwiegend auf das Interessengebiet ‚Spannung und Abenteuer' ab und muss daher bei der thematischen Vorauswahl und der methodischen Umsetzung bedacht werden. Ziel sollte es folglich sein, eine stabile Lesemotivation zu initiieren und zu fördern sowie gleichzeitig besonders die Jungen aufmerksam zu begleiten (vgl. Plath 2010, 47). Diese Aussagen müssen jedoch durchaus ambivalent betrachtet werden, da sich eine verstärkte Orientierung an Jungen kontraproduktiv auf die geforderte Geschlechtersymmetrie auswirken könnte. Eine stärkere Fokussierung von Bedürfnissen männlicher Grundschüler kann eine ungleiche Aufmerksamkeitsverteilung zur Folge haben. Diese Arbeit möchte deshalb im weiteren Verlauf die Kompensationsmöglichkeiten hinsichtlich des erhöhten Förderbedarfs der Jungen aufzeigen, die durch den Einsatz neuer Medien im Deutschunterricht gewonnen werden können.

Betrachtet man den Deutschunterricht im Speziellen, zeigt sich, dass weder in der Literaturauswahl noch in der gezielten Lesemotivationsförderung die Jungen als eigene Zielgruppe bedacht werden. „Der Literaturunterricht, der heute in den Schulen stattfindet, bleibt zu oft folgenlos, weil er die kindlichen Voraussetzungen weniger im Blick hat als einen Soll- Katalog der Schule." (Eckinger 2002, 34) Forschungsergebnisse weisen darauf hin, dass Jungen generell weniger Leseinteresse aufbringen als Mädchen, aber sie interessieren sich stärker für andere Medien wie Film und Computer. Eine Akzentverschiebung in der thematischen Auswahl und den methodischen Mitteln wäre ein erster Schritt den Jungen gerecht zu werden, dazu muss nicht einmal das grundlegende Gerüst verändert werden (vgl. Schilcher/ Hallitzky 2004, 125). Die thematische Auswahl muss also die entsprechenden Lektürepräferenzen der Jungen und der SuS im Allgemeinen berücksichtigen, die methodische Akzentverschiebung kann im Einsatz neuer Medien im Deutschunterricht involviert werden. So erkennen ebenso Hollenbach und Tillmann (2003), dass es wichtig wäre, die Verbindung von Neuen Medien und die Förderung der Lesemotivation von Jungen stärker zu untersuchen bzw. zu ermitteln, inwieweit das besondere Interesse der Jungen für Computer genutzt werden kann, um eine verstärkte Leseaktivität herbeizuführen (vgl. Hollenbach/ Tillmann 2003, 130). In den Bereichen Computer/ Internet und Lesen zeichnen sich hier neue und nachhaltig nutzbare geschlechtsspezifische Ressourcen ab. Studien verweisen darauf, dass vor allem Bildschirm-Spiele die Interessen der Jungen inhaltlich sowie formal deutlich besser ansprechen als ein Großteil der aktuellen Kinderliteratur (vgl. Garbe 2007, 73). Ziel ist es, die oben genannten Ausführungen und weitere Forschungsergebnisse so miteinander zu verknüpfen, dass die Perspektiven für die Förderung der Lesemotivation von Jungen mittels eines gendergerechten Medieneinsatzes geprüft und erörtert werden können. Vorher werden dazu grundlegende Begrifflichkeiten definiert bzw. umrissen.

2. Medien und Didaktik

2.1 Neue Medien und Hypertexte

„Neue Medien lassen sich nur schwer als abgegrenzte Teilmengen der allgemeinen Medien bestimmen, markieren aber technische, ökonomische, soziokulturelle oder bildungspolitische Innovationen." (Reitinger 2007,15). Der Begriff der ‚Neuen Medien' ist zwar nicht eindeutig definiert - so werden in einigen Kategorien auch das Faxgerät, der Anrufbeantworter oder das Funktelefon als neue Formen von Medien genannt - die Schnittmenge aller aufgezeigten Definitionsversuche zeigt jedoch, dass vielmehr der Computer und das Internet als die prototypischen, neuen Medien abgegrenzt werden können (vgl. Bertschi-Kaufmann/ Schneider 2004, 12). Das Lernen mit neuen Medien charakterisiert sich also durch die Zuhilfenahme elektronischer Medien, die den Lernprozess mittels computer- und netzgestützten Lernarrangements erleichtern sollen (vgl. Schiersmann 2007, 101).

Literatur am Computer oder im Netz weist scheinbar keine spezifische Charakteristik auf. Es handelt sich um Texte (ggf. mit Bildelementen), die ebenfalls in gedruckter Fassung gelesen und rezipiert werden können. Nicht wesentlich anders verhält es sich mit Literatur, die lediglich im Web als digitale Textform Gestaltung findet (vgl. Kepser 2010, 546f.). So erkennt Görlitzer aufgrund der Analogien beider Textsorten keine besonderen Anforderungen an den Gebrauch bzw. hinsichtlich der Charakteristik von Hypertexten und der jeweiligen Printform. „Mit literarischen Hypertexten *muss* man Kinder und Jugendliche in der Schule nicht bekannt machen. Man müsste ihnen aber zeigen, wie unterschiedlich Literatur in ihren Ausdrucksformen ist und immer gewesen ist und welche unterschiedlichen Lesehaltungen sie fordert (Hervorh. im Original)" (Gölitzer 2003a, 22). Losgelöst von ihrer Multimedialität sollte dementsprechend bei jeder Form von Literatur, ob am Computer oder im Buch, im Hinblick auf den Einsatz im Unterricht untersucht werden, welche Ansprüche der Inhalt an seine Rezipienten/innen stellt.

Betrachtet man interaktive Hypertexte im Bereich der Kinder- und Jugendliteratur, so erkennen Bertschi-Kaufmann und Tresch (2003) einige Differenzen zum Printmedium: „Interactive Books bieten Dramaturgien und Spielvorlagen, die ganz anders strukturiert sind als das gedruckte Kinder- und Jugendbuch. Narrative Zusammenhänge müssen im Verlauf der Bildschirmlektüre erst hergestellt werden und geschriebene Textteile fehlen hier weitestgehend" (Bertschi-Kaufmann/ Tresch 2003, 75). Bei dieser Art von (Online-) Büchern wird dem Leser nach jeder Passage die interaktive Wahlmöglichkeit bereitgestellt, die den Fortverlauf des Buches bestimmt. Die Geschichte kann also unterschiedliche Abfolgen produzieren, die je nach Erzählung auch wieder zusammenlaufen. Unter dem Schlagwort ‚Du entscheidest selbst!' wurde in Deutschland eine Serie von diesen interaktiven Büchern veröffentlicht, dazu die vielleicht berühmteste Reihe von Edward Packard ‚Insel der 1000 Gefahren' (eine Printmedienadaption) (vgl. Grünwald 2007, 90). Der Begriff ‚Interactive Book' umfasst verschiedene Genres, in denen unterschiedliche multimediale Versionen enthalten sein können. Diese Spielgeschichten fordern aufgrund ihrer labyrinthischen Ausrichtung spezielle kognitive Leistungen und ein Orientierungsvermögen vom Rezipienten. Die Hinweise zu den verschiedenen Lesewegen sollten erfolgreich für die Gestaltung einer persönlichen Geschichte verwendet werden – die Nutzerin und der Nutzer müssen demnach nicht nur die dargestellten Strategien erkennen, sondern zur erfolgreichen Rezeption auch eigene entwickeln können (vgl. Bertschi-Kaufmann/ Tretsch 2003, 77). Ähnlich ist auch die Textform der ‚Hyperfiction' aufgebaut: Bei ihr „vernetzt der Autor (z.T. multimedial gestaltete) Textbausteine mittels Hyperlinks, sodass ein Geflecht entsteht, welches der Leser am Computer in beliebiger Reihenfolge erkunden kann" (Kepser 2010, 551). Die ‚Hyperfiction', also die Flexibilisierung eines Textes mithilfe differenzierter Kombinationsmöglichkeiten, birgt jedoch die Gefahr, dass der Leser/ die Leserin sich im Textnetz verliert, ohne die Segmente in eine vernünftige Schlüssigkeit gebracht zu haben. Ein transparenter Aufbau ist demnach für eine medienadäquate Umsetzung essentiell (vgl. Heibach 2003, 57). Da mit der Verbreitung der digitalen Medien die Grenzen zwischen informativen und literarischen Texten verfließen, stellen Hypertexte auch in diesem Punkt veränderte Ansprüche an ihre Rezipienten, d.h. diese müssen eine höhere kognitive Aktivität aufweisen, um den Hypertext zu rezipieren, als es für literarische Texte üblich ist (vgl. Schreier/ Rupp 2006, 268). „Das Lesen in den neuen Medien ist anspruchsvoll, müssen doch sowohl Bild, Ton und Schrift gleichzeitig verarbeitet, gedeutet und verknüpft werden. Der sogenannte «Hypertext» verlangt schnelles, selektives Lesen" (Bertschi-Kaufmann 2000, 13). Der Einsatz der neuen Medien bietet also im Unterricht die Chance, Lesen multimedial zu gestalten. Der reine Text wird dann mit weiteren Gestaltungselementen angereichert. „Beim Multimediasystem kommen drei Zeichensysteme zusammen, die Buchstabenschrift, die Bildsymbolik und der Ton. Das bedingt eine neue Lesefähigkeit" (ebd., 11). Bild und Ton zum Inhalt können das Lesen attraktiver als in seiner ursprünglichen Printfassung gestalten. „Wenn mithilfe von Hyperlinks nicht nur Printtexte, sondern auch Bilder, Tondokumente, Videos, Animationen etc. miteinander verwoben werden, d.h. wenn die Hypertext-Einheiten nicht nur textueller Art sind, spricht man auch von **Hypermedia** bzw. **Hypermedialität**" (Hervorh. im Original) (Frederking et. al. 2008, 218). Festzuhalten bleibt, dass Hypertexte nicht automatisch in eine Lernumgebung eingebettet sind, vielmehr sind dazu gezielte didaktische Arrangements zu treffen (vgl.

Kepser 2010, 559). Der Einsatz von Hypermedialität und Hypertexten kann aber auch, wenn er die Anforderungen an seine Rezipienten mitberücksichtigt, aufgrund seiner Attraktivität in Bezug auf die visuellen Effekte lesemotivierende Erfolge erwirken und die Jungen gezielter mit dem Einsatz neuer Medien in ihrer Lesemotivation fördern.

2.2 Medienkompetenz

Der Begriff der Medienkompetenz ist seit Jahren im Fokus der Öffentlichkeit; synonym werden häufig die englischen Bezeichnungen ‚media education' oder ‚media literacy' genannt. In den 1990er Jahren gelangte der Begriff zunehmend in einen medienpädagogischen Diskurs – seine Definitionen waren sehr unterschiedlich geprägt und umstritten, vor allem hinsichtlich seiner Reduktion auf die berufliche Verwertbarkeit oder seiner technischen Ausrichtung (vgl. Hoppe/ Josting 2006, 13). Während in den 1980er Jahren die klassischen Massenmedien im Fokus der Begriffsbestimmung standen, kristallisierten sich nach und nach auch immer mehr die Informations- und Kommunikationstechnologien heraus – dabei spielt die reine Nutzungstätigkeit am Computer bzw. der Umgang mit dem technischen Gerät nur eine nebensächliche Rolle, vielmehr ist heute der Umgang und die Verarbeitung von Informationen zentral (vgl. Moser 2006, 53). Die rasante Entwicklung in Bezug auf die Medien macht es in diesem Kontext jedoch schwierig, eine eindeutige Konzeption von Medienkompetenz zu bestimmen (vgl. Groeben 2002, 13). „Sowohl in der Telefonie als auch im Bereich der Computer sind rasante Entwicklungen im Gange, die von den Nutzerinnen und Nutzern ständige Anpassungen an den neuesten technischen Stand verlangen […]" (Bertschi-Kaufmann/ Schneider 2004, 16). Hinsichtlich der Zielperspektive dieser Arbeit eignet sich diesbezüglich die definitorische Begriffserklärung nach Baacke, der den Begriff der Medienkompetenz nachhaltig prägte und ihn gemäß einer didaktischen Dimension näher umriss:

Tabelle 4: Medienkompetenz bei Baacke (1997)

Medienkompetenz			
[Vermittlung]		[Zielorientierung]	
Medienkunde	Medienkritik	Mediennutzung	Mediengestaltung
informativ instrumentell-qualifikatorisch	analytisch reflexiv ethisch	rezeptiv-anwendend interaktiv-anbietend	innovativ kreativ

(Abb.5: Entnommen aus: Rosebrock/ Zitzelsberger 2002 nach Baacke 1997, 153)

Eine Einbindung der neuen Medien in den Deutschunterricht der Grundschule benötigt nach Baacke die Differenzierung in die Kategorien Vermittlung und Zielorientierung: Die klassische Medienkunde ist dann erfüllt, wenn die SuS in der Lage sind, Informationen über das Programm eigenständig zu erarbeiten und im Allgemeinen die Bedienung der Geräte (also den instrumentell-qualifikatorische Charakter) beherrschen. Die Medienkritik soll einen reflexiven Umgang mit gesellschaftlichen Prozessen einleiten und dazu anhalten, das eigene Handeln im Zusammenhang mit einem ethischen Hintergrund und einem verantwortungsbewussten Umgang zu überdenken. Die Zielorientierung unterteilt sich in eine (elementare) Nutzungstätigkeit sowie eine innovative und kreative Gestaltung (vgl. Rosebrock/ Zitzelsberger 2002, 153). Baacke begreift Medienkompetenz vor allem in Hinblick auf die Kategorie Medienkritik in einem gesamtgesellschaftlichen Zusammenhang, der nicht auf die reine Nutzungstätigkeit beschränkt bleibt und für Grundschulkinder wichtige reflexive Prozesse miteinbezieht sowie einen Grundstein für einen kritischen Umgang mit Informationen legt. „Medienkompetenz umfasst mehr als technisches Know-How und motorische Fertigkeit zur Bedienung von Medienapparaturen. Medienkompetenz bezieht sich vielmehr auf die sinnvolle Koordination der Medien in alltäglichen, beruflichen und pädagogischen Prozessen" (Reitinger 2007, 17).

Auch der gendergerechte Einsatz von neuen Medien im Deutschunterricht zur Lesemotivationssteigerung erfordert eine Vermittlung von Medienkompetenz. Die in dieser Arbeit analysierten Lernprogramme werden darüber hinaus anhand der oben aufgeführten Kompetenzdimensionen betrachtet und bewertet.

2.3 Mediennutzung von Kindern

Unser Medien- und Kommunikationsnetz hat sich in den letzten Jahrzehnten so rasant weiterentwickelt, dass dies automatisch Auswirkungen auf das Freizeit und Medienverhalten der Kinder und Jugendlichen hat - denn diese werden zwangsläufig in die Dichte dieses Netzes hineingeboren (vgl. Heidtmann 2000, 25). „Neun von zehn Haushalten mit Kindern zwischen sechs und 13 Jahren haben einen Computer zu Hause und jedes zehnte Kind zählt den Computer (offline) zu seinen drei Lieblingsbeschäftigungen" (Mpfs 2011, 25). Der Anteil der PC- und Internetnutzern unter den Jugendlichen ist beständig angestiegen (vgl. Hollenbach/ Tillmann 2003, 129).

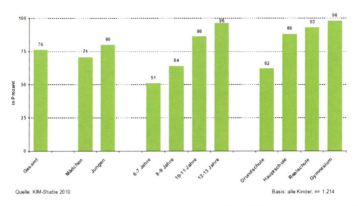

(Abb.6: Entnommen aus: Mpfs 2011, 25)

Zwar stellt der Besitz des eigenen Rechners im jungen Alter (6-13 Jahren) mit 15 % eher die Ausnahme dar, jedoch steigt der Computerbesitz kontinuierlich mit höherem Alter an. Die Grafik zeigt dazu, dass Jungen mit 80% den Rechner häufiger nutzen als Mädchen (71%). Interessant ist dabei jedoch, dass mit zunehmendem Alter nicht nur die Nutzungsfrequenz stark ansteigt, sondern sich auch die geschlechtsspezifischen Unterschiede in der Häufigkeit des Gebrauchs zunehmend auflösen. Dabei ist es vor allem die Familie, die über den Konsum neuer Medienformen bestimmt: „Inwieweit einem Kind die verschiedenen Medien zur Verfügung stehen, hängt entscheidend von der ökonomischen Lage und der medialen Ausstattung des Elternhauses ab" (Mikos/ Wiedemann 2000, 9). Mit zunehmendem Alter beginnen die Kinder sich jedoch vor allem im Bereich der Internet- und Computernutzung mehr und mehr der elterlichen Kontrolle zu entziehen und das Medium selbstbestimmt anzuwenden. „Je älter ein Kind wird, desto weniger überwachen die Eltern die Mediennutzung, desto mehr bestimmt es seine Medienauswahl selbst und desto bedeutender wird die Selbstsozialisation" (Schweiger 2007, 300).

Nicht nur die Quantität der Nutzung ist zumindest in noch jungen Jahren der Kinder von einer Dominanz der Jungen geprägt, auch die inhaltliche Tätigkeit verweist auf geschlechterdifferente Präferenzen:

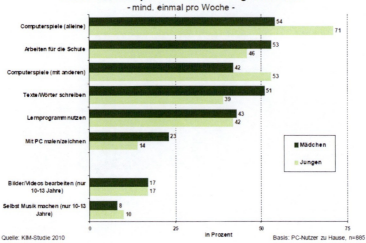

(Abb.7: Entnommen aus: Mpfs 2011, 27)

Während Jungen am Computer deutlich häufiger Spielen als Mädchen, verwenden letztere den Computer vielfach als Arbeitsmittel – für die Schule, die Textproduktion oder den kreativen Umgang mit Malprogrammen (vgl. Mpfs 2011, 27). Daraus lässt sich schließen, dass Jungen vor allem eine spielerische Einbettung der Lern-/Computerprogramme bevorzugen – in Hinblick auf eine Steigerung der Motivation sollte dies in der späteren didaktischen und methodischen Planung Berücksichtigung finden. Betrachtet man nun die Tätigkeiten, die am Computer für die Schule aufgezählt werden, zeigen sich vor allem Unterschiede in den jeweiligen Altersklassen:

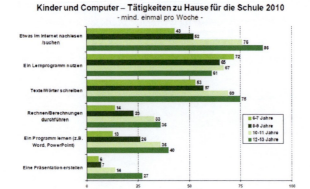

(Abb.8: Entnommen aus: Mpfs 2011, 28)

Die für die Schule ausgerichteten Tätigkeiten am PC zu Hause nehmen (mit Ausnahme der Lernprogramme, die vornehmlich von jüngeren SuS genutzt werden) mit steigendem Alter zu. Die Schule steht demnach in enger Verknüpfung mit der Nutzung des Computers zu Hause (vgl. Mpfs 2011, 28). Außerdem zeigt sich, dass das Recherchieren im Internet in der höheren Altersklasse (also mit 12-13 Jahren) an Bedeutung gewinnt. Hinsichtlich dem oben aufgeführten Medienkompetenzbereich ‚Medienkritik' sollten die SuS daher dringend in ihrer Recherchearbeit begleitet werden – um Informationen kritisch auszuwerten und einen verantwortungsbewussten Umgang mit diesen zu lernen. Das hieße, dass ein Teil der Nutzungstätigkeiten (für die Schule), die momentan noch zu Hause stattfinden, in den schulischen Bereich verlagert und eingebettet werden können. Folglich scheint die Schule dafür geeignet, die Mediennutzung intensiver zu begleiten und gezielte Medienkompetenzen voranzutreiben. Inwieweit und mit welcher Intensität die Grundschulen den Computer im Unterricht einsetzen und mit welchen entsprechenden Mittel sie ausgestattet sind, soll das nachfolgende Kapitel klären.

2.4 Technische Ausstattung der Schulen

„Waren die Bemühungen zur Durchsetzung digitaler Lehr- und Lernmedien in den Anfangsjahren auf die Sekundarstufe fokussiert, hat sich nach anfänglich starken Widerständen inzwischen auch im Feld der Grundschulpädagogik eine Auseinandersetzung mit den Neuen Medien etabliert" (Meurer 2006, 194). Dennoch kann auch hier immer noch von einem erheblichen Nachholbedarf in der Computerausstattung der Schulen gesprochen werden. Obwohl die Schülerschaft einen Computereinsatz im Unterricht befürworten würde und diesem aufgeschlossen gegenübersteht, erhalten sie nach eigenen Aussagen noch immer zu selten die Gelegenheit zur entsprechenden Umsetzung (vgl. Hollenbach/ Tillmann 2003, 130). „EU-weit ist die Zahl der Schüler je Computer in den Grundschulen fast doppelt so hoch wie in den weiterführenden Schulen (12 gegenüber 7) [...]" (Kommission der Europäischen Gemeinschaften 2003, 2). Die Ausstattungsdebatte führte zumindest dazu, dass sich die technischen Ressourcen der Grundschule stark verbessert haben: „Insgesamt sind die Schulen in Deutschland im Jahr 2006 mit 1.075.393 Rechnern ausgestattet. Dabei stieg die Zahl der Geräte in den Grundschulen über den Betrachtungszeitraum fast um den Faktor vier von 62.029 Computern im Jahr 2001 auf 234.738 im Jahr 2006" (BMBF 2006, 40). Dennoch hält die KIM-Studie – entgegen aller Euphorie und steigenden Ausstattungszahlen - fest, dass lediglich jede/r dritte SuS im Alter von sechs bis dreizehn Jahren den Computereinsatz im Unterricht erlebt hat, d.h. ein Einsatz des Computers in der Grundschule findet weiterhin nur sporadisch statt (vgl. Mpfs 2011, 28). Auch wenn die Schulen mit finanzieller Unterstützung in den letzten Jahren technisch deutlich nachrüsten konnten, sollte nicht vergessen werden, dass dies noch keinen tatsächlichen Einsatz des Computers in der Grundschule bedeutet (vgl. Hollenbach/ Tillmann 2003, 128). Losgelöst von den positiven Entwicklungen bezüglich der Ausstattungszahlen kann heute noch nicht von einem etablierten Computereinsatz in der Grundschule gesprochen werden (vgl. Meurer 2006, 194).

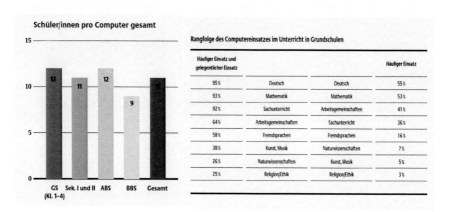

(Abb.9: Entnommen aus: BMBF 2006)

Die Grafiken offenbaren, (1) dass die Grundschule im Gegensatz zu den anderen Schulformen noch weit in der Gesamtzahl der Computer zurückliegt, (2) und dass der häufigste Computereinsatz im Fach Deutsch erfolgt. Letzteres verweist darauf, dass das Fach Deutsch – nach Meinung der Lehrkräfte – für einen Computereinsatz positiv genutzt werden kann. Dabei lässt sich jedoch von der Ausstattung der Schulen und den angegebenen Fächern nicht auf die Qualität im Unterrichtseinsatz schließen. Abschließend kann festgehalten werden, dass die Grundvoraussetzungen für den Einsatz neuer Medien zur Förderung der Lesemotivation im Deutschunterricht für Jungen gegeben sind. Auch wenn die Anzahl der SuS die Kapazitäten der vorhandenen Computer deutlich übersteigt, so könnte dies durch die Methode des Wochenplans oder mit Hilfe von kleineren Computergruppen kompensiert werden. Das folgende Kapitel soll daher den didaktischen und methodischen Einsatz des Computers im Fach Deutsch diskutieren und angrenzend dazu kontroverse Meinungsdifferenzen in Forschung und Praxis beleuchten.

2.5 Der Einsatz neuer Medien im Deutschunterricht

Das Potential eines mediengestützten Lehrens und Lernens kann für den zukünftigen Werdegang der SuS von entscheidender Bedeutung sein: Politik, Kultur, Wirtschaft, Wissenschaft und Medien sehen Computerkenntnisse sowie eine informationstechnische Grundbildung als notwendige Schlüsselqualifikation an. Folglich lassen sich nicht nur Bildungseinrichtungen moderner ausrichten, um einer informationstechnologischen Dienstleistungsgesellschaft besser zu entsprechen, auch das Rollenbild des Lehrers wird im medienunterstützten Lehren einem Veränderungsprozess unterworfen, da dieser den Lernprozess der SuS hinsichtlich einer (autonomen) Selbststeuerung (bis hin zur Autodidaktik) begleiten und moderieren lernen sollte (vgl. Filk 2003, 72). „Einerseits wird der Fortschritt in der Anwendung der neuen Techniken vom Bildungsstand abhängen und andererseits werden die neuen Techniken das Lernen [selbst] beeinflussen" (Meyer 1999, 9). Der richtige Umgang mit den neuen Medien bereitet die Schülerschaft also nicht nur auf die zukünftige Arbeitswelt und den damit verbundenen Dienstleistungssektor vor, er ist gegenwärtig auch eine bedeutende Methode, um den Lernprozess als solchen zu verändern und ggf. anzutreiben.

Auf den ersten Blick erscheint der Einsatz von neuen Medien im Bildungsbereich als logische Konsequenz mit dem Einhergehen aktueller gesellschaftlicher Wandlungsprozesse. „Neue Medien erleichtern das Lernen und Lehren durch eine bessere Lernmotivation, sie ermöglichen neue didaktische Methoden und führen schließlich zu besseren Lernergebnissen" (Kerres 2003, 31). Die Integration der neuen Medien in den Schulunterricht sollte jedoch nicht allein enthusiastisch aufgenommen werden, vielmehr ist eine differenzierte Betrachtungsweise erforderlich, in der Probleme, Risiken und Chancen nebeneinander abgewogen werden (vgl. Barsch 2006, 155). Darüber hinaus sind zugleich viele erhoffte Innovationen ausgeblieben und Effekte sowie Ergebnisse nicht oder nur teilweise eingetreten, da zeitlich begrenzte staatliche Förderprogramme ausgelaufen sind, ohne ihre Wirksamkeit aufrechtzuerhalten (vgl. Kerres 2003, 31).

Die pädagogische Mediendidaktik fokussiert im Wesentlichen Aspekte wie Lernerfolg, Lernergebnisse und Lernprozesssteigerung. Der Medieneinsatz sollte sich im optimalsten Falle unmittelbar positiv auf die Lernmotivation und Lernaktivität auswirken. Daher kann das Engagement nicht allein auf die Verwendung von neuen technischen Möglichkeiten reduziert werden, sondern ist vor allem auch durch alternative didaktische Konzepte zu erweitern (vgl. ebd., 34). In der mediendidaktischen Diskussion muss also neben der Auswahl, des Einsatzes und der Bewertung von Medien auch die gestaltungsorientierte Mediendidaktik ins Blickfeld genommen werden. Letztere lässt sich nur im Zusammenhang einer konkreten Anwendung für die entsprechende Lehr- und Lernsituation bewerten (vgl. Filk 2003, 76f.). Es muss immer wieder berücksichtigt werden, dass neue Medien wie der Computer, nicht ohne Planung und Konzeption für die Bildungsarbeit nutzbar sind. Wirkungen neuer Medien gehen folglich nicht von diesen selbst aus, sondern entfalten sich vor dem Hintergrund strategischer und nachhaltiger didaktischer Konzepte (vgl. Kerres 2003, 39). Die Mediendidaktik muss daher in ihrer konzeptuellen Ausrichtung folgende Dimensionen mit berücksichtigen:

- Technisch- instrumentelle Dimension (Handhabung und Bedienung von Medien, Basiswissen über allgemeine instrumentelle Tätigkeiten)
- Orientierungsbezogene Dimension (Orientierung in technischen und virtuellen Umgebungen, Erschließung neuer Ressourcen)
- Arbeitskoordinatorische Dimension (Problemsituationen erkennen und benennen, Organisation und systematische Planung von Arbeitsschritten, Informationen sammeln und speichern)
- Unterrichtsbezogene Dimension (Verbindung von Unterrichtsmodellen mit medienbasierten Konzepten, Anwendung neuer Arbeitsmethoden)
- Ästhetisch- emotionale Dimension (emotionale und ästhetischer Aspekte erkennen und artikulieren)
- Systembezogene Dimension (Integration der Medien in den Unterricht, gegenseitige Anpassung unterrichtlicher Teilsysteme zu einem Ganzen)
- Ethische Dimension (Verantwortungsvolle Nutzung der Medien, Sensibilisierung der SuS)
- Gesellschaftskritische Dimension (Bewusstseinsentwicklung für die Integration der Neuen Medien als gesellschaftliches Phänomen) (vgl. Reitinger 2007, 64f.).

Die Mediendidaktik konstatiert eine Reihe von verschiedenen Dimensionen, die in der Unterrichtsplanung mit neuen Medien einbezogen werden müssen. Eine medientechnische Unterstützung von Lernprozessen im Deutschunterricht ist stets in einem engen Zusammenhang mit den Inhalten und Zielen des Faches zu sehen. In der Nutzung der neuen Medien ist es infolgedessen essentiell, die differenzierten Lernvoraussetzungen, -notwendigkeiten und –fähigkeiten der heutigen SuS einzuplanen (vgl. Frederking et. al. 2008, 71ff.). In der späteren inhaltsbezogenen Beispielanalyse eines computerunterstützten Lern- und Leseprogramms werden diese Aspekte hinsichtlich ihrer konkreten Umsetzung nochmals aufgegriffen. Vorher sollen jedoch die Vor- und Nachteile des Einsatzes neuer Medien im Deutschunterricht der Grundschule zur Förderung der Lesemotivation von Jungen erörtert und präzisiert werden.

2.5.1 Vorteile

Es gibt gute Gründe, die neuen Medien in den Deutschunterricht zu integrieren: Die Zukunftsbedeutung und der Lebensweltbezug spielen hier eine vergleichsweise geringe Rolle, vielmehr ist durch die Medien eine bedeutsame Veränderung von Sprache und Literatur zu verzeichnen, an denen wichtige sprachliche und literarische Erfahrungen gemacht werden können. Kinder und Jugendliche lernen so ihre erworbenen Kompetenzen auch auf andere Medien (wie z.B. Bücher) zu übertragen und diese zu rezipieren (vgl. Gölitzer 2003c, 178). Tatsache ist, dass mit dem Einzug digitaler Medien in den Deutschunterricht neue Leseanlässe und Lesematerialien zur Verfügung stehen, die ansprechend aufbereitet und präsentiert werden können (vgl. Schulz-Zander et al. 2010, 101). Im Gegensatz zum klassischen Frontalunterricht kann die Themenauswahl beim computerunterstützten kooperativen Lernen auf der Alltags- und Lebensweltorientierung der Kinder basieren. Die Lehrenden können demnach direkt an den individuellen Erfahrungs- und Lernstand der SuS knüpfen, und zwar indem sie im Vorfeld Lehrmaterial planvoll auswählen und bereitstellen (vgl. Filk 2003, 83). „Neben der Aktualität der Lerninhalte, die die neuen Medien gegenüber Printmedien besitzen, geben multimediale Lernangebote gerade leistungsschwachen Schülern und solchen mit sozialen Problemen eine Chance zu besseren Lernergebnissen zu kommen" (Barsch 2006, 156f.). Denn der selbstgesteuerte Lernprozess der SuS, der mit dem Einsatz neuer Medien im Unterricht einhergeht, ermöglicht der Lehrkraft, sich intensiver anderen Erziehungs- und Förderaufgaben zu widmen (vgl. ebd., 157). Der Einsatz von Internet und Computer im Deutschunterricht kann des Weiteren neue Arbeitsanlässe einleiten, indem die oralen, literalen und audiovisuellen Aspekte vereint werden, d.h. veränderte Lese- und Schreibprozesse können dem SuS mithilfe des Computers/ Internets einen neuen interaktiven und synästethischen Erfahrungsraum eröffnen, der sich einem medienspezifischen Veränderungsprozess unterwirft (vgl. Frederking et al. 2008, 202). Die vorhandene Medienkompetenz und das damit verbundene Interessengebiet von Jungen (und Mädchen) kann somit in Bezug auf die Lernmotivationen positiv genutzt werden. Vor allem eine emotionale und soziale Dimension drängt die lehrerzentrierten Unterrichtsformen beiseite und ermöglicht so eine selbstbestimmte, interaktive Lehr-Lernkooperation. Arbeitsformen wie Email, Chat oder Foren überschreiten die Grenzen des Klassenraumes, vor allem die computerunterstützten Unterrichtsprozesse erlauben einen Perspektivwechsel (vgl. Barsch 2006, 157). „Als synästhetische Handlungsmedien kommen Computer und Internet zum Einsatz, wenn textuelle, visuelle, auditive oder audiovisuelle Symbolisierungsformen in einem der beiden digitalen [Medien] im Verbund rezipiert bzw. im handelnden Umgang gestaltet werden können" (Frederking et. al. 2008, 240). Finden diese vielfältigen Gestaltungsaspekte einen Weg in den aktuellen Deutschunterricht, ergeben sich neue produktive didaktische Planungskonzepte. Im Rahmen eines interaktiven Computerspiels oder einer multimedialen Software kann insofern ein literarischer Zugriff für die SuS erfolgen, indem vertiefte Verstehensprozesse auf einer medialen Handlungsebene initiiert werden (vgl. ebd.). Hierbei geht es vor allem um die Vermittlung von strategischem Wissen, das den Lernerfolg mit einem tieferen Verständnis der zu bearbeitenden Sachverhalte und Probleme steigert, da sie mittels eines Transfereffektes auch für andere Aufgaben zur Verfügung steht (vgl. Achtenhagen 2003, 94). Es kann zudem „[...] eine ausgesprochene inter- oder transdisziplinäre Versierung vorliegen, was man im schulischen Kontext etwa aus Projektwochen kennt. Inhalte werden aus multiperspektivischer und polydimensionaler Sichtweise aufgearbeitet" (Filk 2003, 84). Der Computer bzw. das Internet begründet seinen Nutzen im Deutschunterricht zudem als wichtiges Informationsmedium: Bücher oder Texte (E-Book, Literatur-CD-ROM oder das Internet selbst) können in digitaler Form dazu dienen, gezielte Recherchearbeiten oder Sachinformationssuchen durchzuführen (vgl. Frederking et al. 2008, 237). Die Qualität des multimedialen Angebots bestimmt angrenzend dazu den Grad der Eigenleistung. Uninteressant sind solche Angebote, die zum passiven Konsum anregen; Es gibt dagegen andere interaktive Medien, in denen der Stoff eines Kinderbuches so aufbereitet wird, dass die SuS Teile des Buches selbst rekonstruieren und gezielt mittels Such-Links in Sachbüchern o.ä. nachschlagen (vgl. Bertschi-Kaufmann 2000, 11). Die Verwendung von neuen Medien im Deutschunterricht befähigen Jungen zu selbstverantwortlichen Lernprozessen. Der besondere Anreiz liegt hier in der spielerischen und strategischen Einbettung der Computerprogramme, die Leseanreize aufgrund ihrer multimedialen Aufbereitung setzen und gezielt weitere Arbeitsaufträge (Recherchearbeit, Suchlinks und Textproduktion) implizieren. Durch eine planvolle Kombination von Medien wird darüber hinaus auch die Verwendung von traditionellen Medien (Büchern) gefördert, da eine multimediale Verknüpfung problemlos möglich ist.

2.5.2 Nachteile

Ein erheblicher Nachteil bei der Nutzung des Computers im Unterricht resultiert aus der Problematik mangelhaft vorhandener ergebnis- und erkenntnisorientierter Konzepte. Bisher sind die spezifischen Stärken der neuen Medien für den Grundschulunterricht nicht ausreichend erfasst. Es fehlt dabei an Forschungen, die konkret festhalten, welche Lehr- Lernsituationen besser mit dem Computer zu realisieren sind und welche eher mit traditionellen Medien (vgl. Floto 2003, 174). „Die simple Vorstellung, durch eine Verbreiterung des Lernstoffes zu einer Verbesserung des Lernerfolges zu kommen, trifft nicht zu. Gerade durch die multimedialen Möglichkeiten besteht die Gefahr der Überfrachtung des Lerngegenstandes. Die Verwendung von mehr Bildern führt nicht direkt zu einer Steigerung der Anschaulichkeit" (Barsch 2006, 155f.). Ein weiteres Problem kann die Ablenkung vom eigentlichen Sachverhalt sein, einfache Modelle können in diesem Zusammenhang im Unterricht zu einer größeren Effektivität führen. Die Kombination von Education und Entertainment können das Verstehensziel des Lernprozesses in den Hintergrund drängen und sind daher kritisch beim Einsatz der Neuen Medien im Unterricht zu betrachten (vgl. ebd., 156). „Besonders häufig geäußert wird dabei die Befürchtung, durch das multimediale Angebot könnten Kinder allmählich das Interesse am Buch vollkommen verlieren" (Bertschi-Kaufmann/ Tresch 2003, 74).

Auch eine Vorstrukturierung des Lernprozesses durch multimediale Lernangebote verzichtet auf Flexibilität, Spontanität und Intuition. D.h. gleichzeitig, dass bestimmte Lernergruppen auf die Vermittlung kognitiver Kompetenzen oder Wissensbestände reduziert werden, ohne ihre Fähigkeiten in Bezug auf den Lerngegenstand genauer zu bestimmen (vgl. Barsch 2006, 156). Floto (2003) vermerkt teilweise erhebliche Defizite an der „Sollbruchstelle", die sich durch einen immensen Forschungsnachholbedarf, differente Entwicklungs- und Förderungssituationen der Schulen und einen daraus resultierenden Ökonomismus (Bildung als zu bezahlendes Gut) äußern. Zudem fehle es an einer „neuen Didaktik" für „neue Medien" (vgl. Floto 2003, 176). Der aktuelle Deutschunterricht ist nach wie vor durch konstituierte Lehr-Lern-Prozesse geprägt, die eine Erweiterung des Unterrichtsmaterials auf neue Medien ablehnen bzw. diesen widerstrebend und vorurteilsbehaftet gegenüberstehen. Sie erscheinen als mediale Konkurrenten, welche die traditionellen Medien verdrängen. Diese Ansichten sind allein unter Berücksichtigung des Wandels der sprachlichen und literarischen Präsentations- und Rezeptionsformen, ausgelöst durch die Einführung und Verbreitung der neuen Medien, nicht haltbar (vgl. Frederking et al. 2008, 76). Der mangelnde Einsatz kann letztlich nicht mit unzureichender technischer Ausstattung oder fehlender Verwendungsmöglichkeiten begründet werden, vielmehr sind es scheinbar die

Lehrkräfte selbst, die die Chancen eines computerbasierten Unterrichts grundsätzlich verwerfen (siehe dazu das 5. Kapitel ‚Die Rolle der Lehrkraft'). Das Potenzial eines mediengestützten Unterrichts überwiegt jedoch und muss dabei gerade unter Berücksichtigung einer nachhaltigen Lesemotivationsförderung für Jungen anhand von geschlechtsspezifischen Differenzen überprüft werden.

2.6 Geschlechterspezifische Mediennutzung

2.6.1 Mediensozialisation

„Kinder kommen bereits sehr früh mit Medien in Berührung. Die ersten Medienerfahrungen sind indirekt, denn Kinder nehmen zwangsläufig am Medienkonsum der Eltern teil" (Mikos/ Wiedemann 2000, 8). Die Fülle von Medienangeboten und entsprechenden Geräten beeinflussen Kinder und Jugendliche dabei in einer noch nie da gewesenen Weise. Diese Medien treten nicht abgesondert oder im Nachhinein in das Leben der Kinder, vielmehr sind sie ein integrierter Bestandteil der Lebenswelt (vgl. Frederking et. al. 2008, 67). „Nicht nur Familie, Schule oder Peergroup, sondern auch Medien übernehmen [folglich] Sozialisationsfunktionen" (Hoppe/ Josting 2006, 8). ‚Computer-Kids' oder ‚Fernsehgeneration' sind Begriffe, die darauf hindeuten, dass Medien im Prozess der Sozialisation einen bedeutenden Einflussfaktor charakterisieren. Sozialisation kann dabei als aktiver, selbstgesteuerter Prozess in die Eingliederung einer Gesellschaft oder Kultur verstanden werden, der sich weitestgehend an den Entwürfen seiner Mitglieder orientiert. Hinsichtlich der technischen, sozialen und kulturellen Wandlungsprozesse bleibt die Sozialisation ein lebenslanger Prozess, indem individuelle Rezeptionsmuster, Interessens- und Werthaltungen oder Kommunikationsmuster gewonnen werden. Vom Roman bis zur Daily Soap über die Hörspielkassette, das Fernsehen oder den Computer – sie alle tragen einen Teil zur Persönlichkeitsentwicklung bei und sind daher essentieller Bestandteil im Mediensozialisationsprozess (vgl. Barsch 2006, 54ff.). Die Medienwelt als ständige Begleitform der Kindheit setzt schon lange vor der eigentlichen Lesefähigkeit Impulse für eine literarische Sozialisation. Die Lesesozialisation (also die Fähigkeit, Texte zu codieren und stabile Leseinteressen zu entwickeln) und die literarische Sozialisation (Realitäts-Fiktionsunterscheidung, Empathiefähigkeit, Perspektivenübernahme, Moralverstehen, etc.) ist folglich mit der Mediensozialisation eng verknüpft. Mediensozialisation bedeutet analog dazu, dass die Heranwachsenden ihre Persönlichkeit in der Mediennutzung entfalten und weiterentwickeln können sowie ihre Medienkompetenz dahingehend nutzen, Interessen selbstbestimmt, nachhaltig und reflektiert einzusetzen (vgl. ebd., 57f.). Mediensozialisation heißt jedoch nicht, dass der Empfänger der medialen Prozesse von den vorhandenen Medienangeboten geformt oder manipuliert wird, vielmehr ist die Rezeption subjektiv bestimmt, d.h. sie kann einen Beitrag dazu leisten, mithilfe der im Medium dargestellten Geschichten und literarischen Figuren die Welt besser zu greifen oder zu verstehen (vgl. Hoppe/ Josting 2006, 9). Die Kenntnisse über Computer, Software oder Anwendungsprogramme eignen sich die Kinder in der Regel zu Hause und im Freundeskreis an. Dieses Wissen kann schwerlich mit einem einfachen Computerkurs erworben werden – vielmehr erlangen die Kinder ihre Strategien im Umgang mit dem Computer durch Experimentieren oder der Korrektur von Fehlern, kurzum durch Learning-by-doing (vgl. Schelhowe 2006, 78).

Bei der Betrachtung des zahlenmäßigen Anteils hinsichtlich der Nutzung neuer Medien zeigen die geschlechtsspezifischen Rollenzuschreibungen ihre allgegenwärtige Dominanz (vgl. von Gehlen/ Tinsel 2006, 297). „Die Differenzen zeigen sich zum einen in der Medienwahl und in den Vorlieben für Themen und Genre, zum anderen aber auch in den Rezeptionsweisen, mithin den Qualitäten und Quantitäten der Nutzung" (Bertschi-Kaufmann et. al. 2004, 34). Die Tendenzen, die sich momentan hin zu einer geschlechtsspezifischen Mediennutzung abzeichnen, werden sich zukünftig weiter verschärfen. Eine geschlechtsgetrennte Polarisierung in der Mediensozialisation zeichnet sich dahingehend ab, dass ein wachsender Anteil von Jungen einen Sozialisationsprozess durchläuft, indem Printmedien kaum noch eine Rolle spielen (vgl. Garbe 2007, 73). Jungen und Mädchen nutzen Medien also unterschiedlich. Das nächste Kapitel soll diesen Sachverhalt näher konkretisieren.

2.6.2 Stand der Forschung

Die medialen Vorerfahrungen von SuS sind häufig in der familiären Lebenswelt erworben worden und gehören als scheinbar standardisierter Faktor zur kindlichen Sozialisation. In diesem Kapitel werden auch die Mädchen in der Analyse eines medialen Habitus hinzugezogen, um die geschlechtsspezifischen Differenzen der Jungen besser herauszuarbeiten.

Computerkompetenzen gelten gesellschaftlich nicht einfach nur als Schlüsselkompetenzen, die es zu erlernen gilt. Vielmehr unterliegen sie - in dem andauernden gesellschaftlichen Prozess der zunehmenden Akzeptanz von Computern - immer noch geschlechtsspezifischen Zuschreibungen (vgl. Jansen-Schulz/ Kastel 2004, 9). Demzufolge weisen Mädchen einen anderen Medienhabitus auf als Jungen, interagieren unterschiedlich mit Medien und zeigen daher andere Kompetenzen auf (Treibel/ Maier 2006, 12). Demzufolge symbolisieren Computer für Mädchen und Jungen etwas Unterschiedliches und sie erfahren den Computer unter Berücksichtigung ihrer Vorerfahrungen, der Zugangsmöglichkeiten, ihrer Einstellung zur Technik und der eigenen individuellen Nutzungskompetenzen kaum kongruent. Immer wieder wird deshalb formuliert, dass Jungen diesbezüglich im Vorteil sind und die Schule eine kompensatorische Funktion gegenüber den Mädchen einnehmen sollte. Dennoch offenbaren sich auch bei gleichen Lernvoraussetzungen differenziert ausgeprägte Fähigkeiten (vgl. Jansen-Schulz/ Kastel 2004,10f).

Erhebungen in Grundschulklassen teilten Mädchen und Jungen hinsichtlich ihrer Computererfahrungen grundsätzlich ähnlich hohe Vorerfahrungen zu. Beispielsweise verfügten in einer Studie an Hamburger Grundschulen 87% der befragten Mädchen und 98% der erfassten Jungen über Vorerfahrungen mit dem Computer (vgl. ebd., 15). Beide Geschlechter gehen folglich „[...] mit dem Computer um, doch der „Expertenstatus" wird von den Jungen beansprucht" (Hollenbach/ Tillmann 2003, 116). Eine erste Differenzierung ergibt sich beim Zugang zum Computer. In der Regel besitzen Grundschüler keinen eigenen Computer, sondern nutzen die Geräte von Eltern, Geschwistern oder Verwandten. Jedoch sind Jungen bereit, das Medium Computer auch außerhalb des familiären Rahmens auszuprobieren (z. B. im Kaufhaus) und verfügen vermehrt über computerähnliche Konsolenspiele, die bereits früh eine funktionale Technikorientierung entstehen lassen. Mädchen dagegen verwenden den Computer eher lernorientiert zu Hause oder in der Schule (Jansen Schulz/ Kastel 2004, 13). In diesem Kontext wird immer wieder – in der Regel stets negativ konnotiert - festgehalten, dass Jungen Bücher tendenziell durch die Bildschirmmedien ersetzen. Mädchen hingegen nutzen neue Medien eher ergänzend zu den traditionellen Printmedien (Garbe 2007, 73). „So verwenden Mädchen den Computer häufiger als Jungen für Arbeiten für die Schule, für Lernprogramme und zum Texte schreiben, Jungen spielen dagegen häufiger am Computer" (Bos et. al. 2007, 217).

Deutlich wird, dass Mädchen und Jungen den Computer unterschiedlich zweckorientiert nutzen. Konkrete geschlechtsspezifische Tendenzen lassen sich bei den Mädchen dahingehend feststellen, dass sie einen stärkeren Bezug zu Printmedien (z.B. Bücher, Zeitungen etc.) aufweisen, den Computer primär als Kommunikationsform nutzen (E-Mail) und ihn zum Verfassen von Texten oder zur Anwendung einer Lernsoftware hinzuziehen. Jungen geben sich in Bezug auf die Buchrezeption eher als ‚lesefaul', ziehen dagegen deutlich das Internetsurfen und die Nutzung von Computerspielen vor (vgl. Hollenbach/ Tillmann 2003, 130). „Mädchen verwenden einen deutlich höheren Anteil ihrer Nutzungszeit für Communities, Chats oder E-Mails als Jungen (54 % vs. 39 %). Bei Jungen hingegen ist der Anteil für Spiele viermal so hoch wie bei Mädchen" (Mpfs 2010, 28). Der Expertenstatus der männlichen Schüler erscheint in diesem Zusammenhang als gesellschaftliches Konstrukt, das deren spielorientierte Mediennutzung, die bereits in der sehr frühen Lebensphase beginnt, mit einem kompetenten Umgang gleichsetzt. Die unterschiedliche Nutzung der Medien hängt folglich damit zusammen, dass die Medienrezeption in enger Verbindung mit der Identitätsbildung junger Mädchen und Jungen steht. Die differenzierten Lebenssituationen der Geschlechter könnten demnach der entscheidende Übertragungsfaktor auf die unterschiedlichen (geschlechtsspezifischen) Rezeptionsgewohnheiten sein – ungleiche Identifikationsprozesse erfordern also zugleich verschiedene Rezeptionsweisen (vgl. Luca et al. 2007, 101).

Darüber hinaus müssen sich Mädchen häufig im familiären Umfeld den Zugang zum Computer erstreiten. Eine Nutzung ist beispielsweise häufig nur dann möglich, wenn die Brüder diesen gerade nicht verwenden. Eine Stereotypisierung erfolgt, wie bereits beschrieben, überdies durch divergente Fähigkeitszuschreibungen. Die Stigmatisierung der Unfähigkeit gegenüber technischen Geräten führt dazu, dass sich Mädchen eingeschüchtert anderen Tätigkeiten zuwenden (vgl. Kuropka 2006, 293f.). Es zeigt sich zwar, dass Jungen bei der Computernutzung noch immer einen Vorsprung gegenüber den Mädchen vorweisen, jedoch ist der Anteil der Mädchen, die einen eigenen Computer besitzen, stark gestiegen. Auch die Stundenanzahl der Computernutzung ist bei Mädchen gewachsen (vgl. Hollenbach/ Tillmann 2003, 127). Die geschlechtsspezifischen Unterschiede hinsichtlich des Computerbesitzes und der – nutzung gleichen sich zwar immer mehr an, jedoch regulieren auch Peergroups, in denen Kinder untereinander verschiedene Medienkompetenzen austauschen, in diesem Rollenschema die Weitergabe von Wissen, da sie für Teile der Mädchen nicht zugänglich sind. Häufig wird, sobald ein Mädchen diese Peergroups betritt, das Thema gewechselt oder ihnen der Zutritt verwehrt (vgl. Schelhowe 2006, 78). Jungen unterstreichen durch solch angelegtes Verhalten ihre Expertenposition beim Umgang mit dem Medium Computer. Diese Selbsteinschätzung zeigt sich auch in Studien im Bereich der Grundschule, in denen Jungen und Mädchen zu ihrer Selbsteinschätzung hinsichtlich ihrer eigenen Computerkompetenz befragt wurden sind. Ein großer Anteil der Schüler geht davon aus, dass Jungen kompetenter beim Umgang mit dem Computer sind (vgl. Jansen-Schulz/ Kastel 2004, 39). „Für die Mädchen ist festzuhalten, dass sie ihre Leistungen insbesondere in geschlechtsuntypischen Bereichen deutlich unterschätzen und den Jungen oft größere Kompetenzen zuschreiben, obgleich sie objektiv keine schlechteren Leistungen erbringen als ihre Mitschüler" (Jantz/ Brandes 2006, 34f.).

Da Jungen den Computer überwiegend zum Spielen benutzen, haben sie tatsächlich einen ganz spezifischen Erfahrungsvorsprung. Dieser wird fälschlicherweise jedoch immer wieder von ihnen selbst und in der Fremdeinschätzung als allgemeiner Kompetenzvorsprung im Umgang mit dem Computer bewertet (vgl. Jansen-Schulz

2004, 31). „Die [tatsächlichen] Differenzen zwischen den Geschlechtern im Hinblick auf das Nutzungsverhalten und das Interesse an Computer und Internet haben sich im Alltag zwar verringert, sind aber doch noch vorhanden [...]" (Bos et. al. 2007, 217). Ist es Ziel der Grundschule, die Technik und Computerkompetenzen von Mädchen und Jungen zu fördern, muss dies in einer geöffneten und medienorientierten Unterrichtsform geschehen, die durch gendersensible Lehrkräfte initiiert wird. Hier könnten zudem weibliche Vorbilder, konkret also Lehrerinnen, Rollenklischees durch die Darstellung eigener Kompetenzen entgegen der angeblichen weiblichen Technikdistanz abbauen und ein offenes Rollenverhalten begünstigen (vgl. Jansen-Schulz/ Kastel 2004, 105). Für die Förderung von SuS sollte also eine Balance zwischen geschlechtsspezifischen Interessenlagen, sozialisierten Rollenerwartungen sowie tatsächlich vorhandener Kompetenzen gefunden werden. Eine Herausforderung wird sein, all diese in ein schlüssiges und ergiebiges didaktisches Unterrichtskonzept zu integrieren, das für den Aufbau der Lesemotivation von Jungen förderlich ist. Eine Orientierung an der stark spielorientierten Mediennutzung von Schülern wäre dabei eine folgerichtige Methode.

2.6.3 Mädchenförderung am Beispiel von ‚Lizzynet'

Wenn den Jungen hinsichtlich einer speziellen Lesemotivationsförderung im medialen Deutschunterricht eine spezielle Aufmerksamkeit zuteil wird, muss ebenfalls den Mädchen ein attraktives Angebot im Sinne einer Differenzierung bereit gestellt werden. Mädchen holen im Bereich der Computerkompetenzen deutlich auf. Studien skizzieren in diesem Zusammenhang einen Wandel, der eine Verringerung der geschlechtsspezifischen Unterschiede seit PISA 2003 verdeutlicht. Der Kompetenzvorsprung von Jungen ist nur noch durch schwache Effekte ausgeprägt und zumeist auf eine intensivere Nutzung zurückzuführen (vgl. Prenzel 2007, 18). Geschlechtsbezogene Unterschiede zeigen sich daher primär noch in der Computervertrautheit und „[...] ergeben für Deutschland, dass Mädchen in einigen Merkmalen (Computerwissen, computerbezogene Interessenlage und Selbstwirksamkeit) Rückstände gegenüber Jungen aufweisen" (ebd., 17).

Bis heute gibt es jedoch nur wenige Plattformen und Arbeitsmittel, die speziell auf die Bedürfnisse von Mädchen ausgerichtet sind bzw. mädchenspezifische Handlungsweisen zur Verfügung stellen. Dadurch fehlen den Mädchen wichtige Lern- und Erfahrungsräume. Allein in Bezug auf die virtuelle Welt und das Medium Internet sind erhebliche Mängel zu ermitteln. Gemischt-geschlechtliche virtuelle Räume stellen immer spezifische Themen, Inhalte sowie Erwartungen an eine zumeist männlich akzentuierte Geschlechtsrolle und bieten weiblichen Nutzerinnen nur wenig

Identifikationspotenzial. Mit Blick auf die Zukunft junger Mädchen lässt sich insofern auch eine Einschränkung bezüglich der späteren Berufswahl feststellen, da das Handlungsfeld der neuen Medien keinesfalls geschlechtsneutral konnotiert ist (vgl. Luca et al. 2007, 163).

Eine funktionale Alternative ist das Internetportal ‚Lizzynet', das eine Plattform für Mädchen bietet, die Clubs, Chats, Online-Kurse und vieles mehr umfasst und von weiblichen Redakteurinnen betreut wird. Hier können die Mädchen in der virtuellen Gemeinschaft vielfältige Aufgabenformate annehmen (z.B. den neuen Harry-Potter-Film bewerten) sowie mädchenspezifische Sichtweisen und Problemstellungen erörtern. Diese Perspektive eröffnet den weiblichen Nutzern neue Lernfelder und Ausdrucksmöglichkeiten und bietet den Mädchen Sicherheit in der geschlechtsgetrennten Kommunikation (vgl. Luca et al. 2007, 163f.). Die vorgesehene Zielgruppe im LizzyNet war ursprünglich für Mädchen ab 14 Jahren angedacht. Mittlerweile hat sich die Community jedoch erweitert und es zeichnet sich eine Altersspanne von 11 (teilweise sogar noch jünger) -20 Jahren ab (vgl. Schachtner/ Welger 2004, 125). Die Handlungsmöglichkeiten und die thematische Rahmung sind speziell auf weibliche Nutzerinnen zugeschnitten und aufgrund der vorhandenen Vielfalt auch für die Grundschule einsetzbar. Lizzynet verbindet aktuelle Themen bezüglich Politik, Kultur, Soziales und Gesellschaft entgegen existierenden Stereotypen mit Bildungs- sowie Genderelementen und bietet alternative Rollenbilder. Da Mädchen deutlich weniger förderungsbedürftig im Bereich der Lesemotivation sind, könnte Lizzynet andere Kompetenzbereiche schulen, indem Textproduktion, Medienwissen und Medienumgang analog zur verwendeten Software für Jungen eingesetzt werden.

„Mädchen werden gerade dadurch gefördert, dass sie nicht von den Jungen beeinträchtigt werden und dass ihre sozialen Fähigkeiten in der Schule nicht abgewertet, sondern generell anerkannt werden" (Kaiser 2005, 156). Monoedukative Veranstaltungen (Portale) sind jedoch nur dann wertvoll, wenn das fachliche Rahmenprogramm und die Didaktik auf die jeweilige Zielgruppe ausgerichtet ist – dann verliert die Trennung von Geschlechtern den faden Beigeschmack von Sonderbehandlung oder Defizitunterstellung (vgl. von Gehlen/ Tinsel 2006, 311). Die Zielperspektive der Jungenförderungen darf keinesfalls die weiblichen Schülerinnen ausschließen und muss weiterführende Auseinandersetzungen mit differenzierten Themenbereichen bieten. Dabei ist das Verhältnis zwischen „zieldifferentem und themengleichem Lernen" immer wieder zu reflektieren (vgl. Kaiser, 154). „Die Kernaufgabe einer integrierten Medienerziehung kann darin gesehen werden Lernumgebungen zu schaffen, in denen das Wissen über Medien vertieft, erweitert und reflektiert wird und sich auch eine kulturelle, mediale Praxis differenziert entfalten kann […]" (Barsch 2006, 158).

3. Administrative Vorgaben - Gender Mainstreaming und Lehrplan Nordrhein-Westfalen

Das Konzept des Gender Mainstreaming stützt sich auf den Amsterdamer Vertrag und ist somit europaweit Bestandteil in der (Bildungs-)Politik (vgl. Sjørup 2005, 81). Die Europäische Union verpflichtete sich am 01. Mai 1999 mit dem Inkrafttreten des Amsterdamer Vertrags, dass alle Mitgliederstaaten – darunter auch Deutschland – das Konzept des Gender Mainstreaming umzusetzen haben. Es ist daher für alle EU-Mitglieder verbindlich, ihr politisches Handeln in Bezug auf diese Verpflichtung auswerten zu lassen (vgl. Kahlert 2006, 37). Die GEcel (civic education and learning for gedner mainstreaming) definiert Gender Mainstreaming in ihrem Handbuch zur Politischen Bildung folgendermaßen: „Strategie zur Veränderung des vorherrschenden sozialen Paradigma von Gender, um die Umsetzung von Gerechtigkeit und Gleichstellung mittels einer konkreten Strategie zur Beschleunigung des Fortschritts" (GEcel 2005, 16). Dieser Erörterungsansatz verdeutlicht, dass eine gleichberechtigte Geschlechterdemokratie und Geschlechterpädagogik auf europäischer Ebene politisch verankert ist und demnach ebenfalls auf Landesebene in den entsprechenden Lehrplänen der deutschen Bundesländer - berücksichtigt werden sollte.

Die Richtlinien und Lehrpläne für die Grundschulen in Nordrhein-Westfalen sehen vor, die Vielfalt der heterogenen Schülerschaft als Chance für das gemeinsame Lernen aller Kinder – unabhängig von Begabung, Behinderung, Herkunft, Religion, Kultur oder Geschlecht – wahrzunehmen. Um jedes Kind individuell fördern zu können, heißt es hier im Speziellen, sollte eine reflexive Koedukation initiiert werden, d.h. „[d]ie Grundschule berücksichtigt, dass unterschiedliche Interessen, Sichtweisen und Lernwege von Mädchen und Jungen sich auf den Erwerb von Wissen und Kompetenzen auswirken können" (Lehrplan 2008, 12). Dabei ist es wichtig, geschlechtstypisierte Rollenbilder oder Erwartungshaltungen auf ihre Wirkung hin zu überprüfen und evtl. verankerte Defizite oder Benachteiligungen mithilfe einer geschlechtssensiblen Kompetenzvermittlung auszugleichen. Fernziel ist dabei eine gleichberechtigte Gesellschaft, in der Frauen und Männer unabhängig ihres Geschlechts ihre individuellen Fähigkeiten, Begabungen und Eignungen realisieren und ausbauen können (vgl. ebd.). Weiter heißt es, dass es zu den Aufgaben von Lehrerinnen und Lehrern gehört, in ihrer Unterrichtsvorbereitung und –gestaltung die unterschiedlichen Lernvoraussetzungen von Mädchen und Jungen zu beachten. Auch die Lehrkraft selbst wirkt durch ihre Persönlichkeit – als Frau oder Mann – auf die SuS ein und nimmt damit maßgeblich Einfluss auf den Lernprozess der Kinder sowie die Ausgestaltung des Schullebens (vgl. ebd., 17).

„Dass Medien und Schule keine Gegensätze beschreiben, zeigen auch die Bemühungen der Bundesländer, den Medien eine stärkere Rolle in den Lehrplänen zukommen zu lassen" (Mpfs 2003, 3). Die Richtlinien und Lehrpläne des Landes Nordrhein-Westfalen sehen die Medienerziehung als einen schulform- und schulstufenübergreifenden Aufgabenbereich, dessen Inhalt und Zielsetzung im Unterricht zur grundlegenden Kompetenzgewinnung herangezogen werden sollte (vgl. Lehrplan 2008, 11). „Die curriculare Verankerung der Medienbildung erfolgt weitgehend integrativ in die bestehenden Fächer, nur selten ist ein eigenes Fach etabliert" (Schulz-Zander et al. 2010, 92). Das Schulgesetz für das Land Nordrhein-Westfalen sieht im allgemeinen Bildungs- und Erziehungsauftrag der Schule die Verpflichtung, dass SuS lernen, mit Medien verantwortungsbewusst umzugehen und diese adäquat zu nutzen (vgl. § 2 Abs.5 SchulG). So sollen neben den traditionellen Medienformen auch Informations- und Kommunikationstechnologien im Unterricht Verwendung finden – sowohl als Hilfsmittel zum Lernen als auch als Gegenstand des Unterrichts. Ziel ist es, sinnvolle Handlungsanweisungen, aber auch die Möglichkeiten und Beschränkungen einer von Medien geprägten Lebenswelt, zu vermitteln. Die systematische Arbeit mit Medien richtet sich damit gleichermaßen an die Aus- und Weiterbildung von Medienkompetenzen. Diese Forderungen werden nochmals für das Fach Deutsch konkretisiert. Der Lehrplan Deutsch untergliedert sich in vier integrative, ineinandergreifende Bereiche:

- „Sprechen und Zuhören
- Schreiben
- Lesen – mit Texten und Medien umgehen
- Sprache und Sprachgebrauch untersuchen" (Lehrplan 2008, 25).

Der Schwerpunkt ‚Schreiben' sieht einen Umgang mit Neuen Medien in den Kompetenzerwartungen am Ende der 4. Klasse insofern vor, als dass Gestaltungs- und Bearbeitungsmöglichkeiten der traditionellen wie auch der neuen Medien genutzt werden (vgl. ebd., 29).

Der Schwerpunkt ‚Lesen – mit Texten und Medien umgehen' sieht das Lesen als aktiven Prozess an, in dem wichtige Informationen, Kultur- und Wertvorstellungen überliefert werden. Ziel beim Lesen ist es, selektiv, kritisch und interessensgebunden Texte und andere Medienformen verarbeiten zu können. Die SuS sollen zudem zu einer eigenen interessensorientierten Auswahl von geeigneten Texten und Medienformen angeregt werden. Im Leseprozess sind außerdem geschlechts-spezifische Aspekte zu beachten: „Die Förderung der Lesekompetenz berücksichtigt auch die unterschiedlichen Neigungen von Mädchen und Jungen und bezieht den angemessenen Umgang mit Medien und ihren Texten mit ein" (vgl. ebd., 26). In den Kompetenzerwartungen am Ende der Schuleingangsphase heißt es, dass die SuS unter Anleitung elektronische Medien zur Informationssuche nutzen und in den Leseprozess mit einfließen lassen – am Ende der 4. Klasse sollten die SuS dann in der Lage sein, in elektronischen Medienformen zu recherchieren, Angebote im Internet begründet auszuwählen sowie Medienbeiträge kritisch zu bewerten (vgl. ebd., 33). Zusammenfassend lässt sich festhalten, dass der oben benannte Bereich als Fernziel die Verfügbarkeit von Lesefähigkeiten und Leseerfahrungen sowie den Umgang mit Medien im Fach Deutsch als Schwerpunkt formuliert (vgl. ebd., 27). Auch in anderen Fächern wie Sachunterricht, Mathematik, Englisch und Musik spielt die Nutzung von Medien beispielsweise als Kommunikations- und Informationsmittel eine bedeutende Rolle und ist dementsprechend auch im Lehrplan verankert (vgl. ebd., 49ff.).

4. Die Rolle der Lehrkraft

Der Lehrkraft kommt eine entscheidende Rolle bei der erfolgreichen Leseförderung von Jungen zu und sie unterliegt in Ihrem Beitrag zur Lesemotivationsförderung verschiedenen Ansprüchen. Im folgenden Teil dieses Buches sollen nun einige bedeutende Perspektiven in Bezug auf die Lehrerrolle skizziert und diskutiert werden:

1. Die Medienkompetenz des Lehrers und seine Haltung zum Einsatz neuer Medien im Deutschunterricht;
2. Der Einfluss der Geschlechtsrolle des Lehrers/ der Lehrerin und die damit zusammenhängende Aufmerksamkeitsverteilung der Lehrkraft in der Klasse.

4.1 Einstellung des Lehrkörpers gegenüber den neuen Medien

Im heutigen schulischen Kontext sind Lehrpersonen dazu aufgerufen, sich umfassende Kompetenzen im Umgang mit neuen Medien anzueignen, die dabei deutlich über das klassische technische Wissen hinausgehen (vgl. Bertschi-Kaufmann/ Schneider 2004,17). Das Bedürfnis, jungen SuS im Unterricht Medienkompetenz und Medienkritik adäquat zu vermitteln, scheint jedoch für viele Lehrkräfte aus dem Blickfeld geraten zu sein – vor allem weibliche Lehrkräfte stammen zumeist aus einem mediendistanziertem Milieu. Die komplexe Zusammensetzung der Medienkompetenz und das Unwissen über die kindliche Mediensozialisationsphase führen dazu, dass viele Lehrkräfte lieber auf gesicherte Wissensbestände zurückgreifen (vgl. Treibel/ Maier 2006, 20f.). Bereits in der Vergangenheit gab es diesbezüglich Erhebungen, die festhielten, inwieweit Lehrerinnen und Lehrer selbst Medien nutzen und letztlich mit diesen konkret umgehen. Die Erkenntnisse lassen folglich Stärken und Defizite erkennen, die zugleich Rückschlüsse und Prognosen hinsichtlich einer verstärkten Integration von Medien in den Schulalltag erlauben (vgl. Mpfs 2003, 3). Befragte Lehrerinnen sehen im Gegensatz zu ihren männlichen Fachkollegen einen stärkeren Förderungsbedarf der Medienkompetenz bei Büchern. Konträr dazu äußern letztere vor allem in Bezug auf das Internet, Fernsehen und Zeitungen einen erheblichen Handlungsbedarf (vgl. ebd., 20). Grund dafür können die in Studien erfassten persönlichen Medienpräferenzen sein: Weibliche Lehrkräfte sehen nicht nur einen höheren Förderbedarf bei Büchern, sie nutzen dieses Medium in ihrer Freizeit selbst auch deutlich häufiger als beispielsweise den Computer. Die männlichen Kollegen verwenden den Computer und das Internet dagegen privat weitaus beständiger als ihre Kolleginnen (vgl. ebd., 24).

Studien haben ergeben, dass mittlerweile 68,5% der deutschen Wohnbevölkerung ab 14 Jahren einen Zugang zum Internet haben. Die Gruppe der 14- bis 29-Jährigen

repräsentiert dabei mit 97,1% die größte Gruppe der Internetnutzerinnen und -nutzer. Die Verbreitung bei den 30- bis 39jährigen beträgt 90,3%, bei den 40- bis 49-jährigen 82,4%; damit verfügt nahezu jeder Haushalt über einen unmittelbaren Zugang zu diesem neuen Medium (vgl. AGOF 2010, 5). Diese Entwicklung schließt natürlich auch Lehrerinnen und Lehrer nicht aus. „Obwohl die Relevanz der neuen Medien für die eigene wie für die Zukunft der später zu unterrichtenden [SuS] betont wird, besteht eine große Distanz zu den Forderungen, die (digitalen) Medien später im eigenen Unterricht zu nutzen (und im Studium Kompetenzen hierfür zu erwerben)" (Krommer 2006, 174). Diese Tendenz zeigt sich, gemäß Meurer, verstärkt bei Grundschullehrerinnen, die aufgrund fehlender habitueller Übereinstimmungen im Umgang mit Neuen Medien eher tradierte und bewahrpädagogische Haltungen verfolgen, deren theoretische Ursache jedoch unterschiedlichen Ursprungs sein können (vgl. Meurer 2006, 205). Denn obwohl die Relevanz des Einsatzes neuer Medien im Unterricht immer wieder betont wird, sehen es viele Lehrkräfte als einen Widerspruch an, die geforderten Inhalte im Planungsprozess zu berücksichtigen, da sie zum einen nicht dem eigenen Habitus entsprechen, zum anderen aber auch in ihre Anbindung an ein kulturelles Milieu begründet liegt, welches neuen Medien wenig Bildungswert zuschreibt (vgl. Krommer 2006, 176). Die Option, die Institution Schule als primäre Vermittlungsinstanz für den nachhaltigen und ergiebigen Umgang mit dem Computer heranzuziehen, setzt sich zwar theoretisch mehr und mehr durch, jedoch sieht der praktische Unterrichtsalltag vollkommen anders aus. Obwohl Schulen weniger Fernsehgeräte und Videorekorder zur Verfügung stehen, werden Videos im Unterricht heute immer noch häufiger eingesetzt als Computer oder das Internet (vgl. Mpfs 2003, 51).
Die qualitative Studie ‚Medienbiografien mit Kompetenzgewinn', die Lehramtsstudierende im ersten Semester bezüglich ihres medialen Habitus befragte, erkannte selbst bei jungen Lehramtsanwärter und Lehramtsanwärterinnen eine latente Ablehnung gegenüber den neuen Medien. So besitzen die Teilnehmer der Studie häufig einen generellen Manipulationsverdacht, ohne adäquates Wissen über die Strukturen und Prozesse des Mediensystems selbst erworben zu haben, in Kombination mit einer bewahrpädagogischen Denktradition, die oftmals damit begründet wird, dass Medien mit unterhaltendem Charakter keine sinnvolle Beschäftigung darstellen (im Gegensatz zum Buch oder Freundeskreis). Fernsehen und Computer werden mehrfach mit hohem Suchtpotential in Verbindung gebracht, das jegliches persönliche Zeit- und Aufmerksamkeitsbudget kontrolliert bzw. manipuliert (vgl. Kommer 2006, 170ff.). Der befürchtete Kontrollverlust wird als ‚Sog' in das Medium interpretiert und stets ausschließlich negativ konnotiert – das Eintauchen

in ein spannendes Buch wird von den Befragten dagegen nicht als verwerflich aufgefasst. Der Computer erfüllt hier die Rolle eines Werkzeuges, das nur bei formaler Notwendigkeit zum Einsatz kommt – ein kreativer Prozess und vergleichbare Potentiale werden grundsätzlich verneint. Bis heute liegt dem Habitus von Lehrkörpern eine Unwissenheit bezüglich der kritischen Auseinandersetzung zugrunde, die aus mangelnden Hintergrundinformationen über Medienproduktion und –gestaltung resultiert und maßgeblich vom Elternhaus geprägt, weiter verstärkt und reproduziert wurde (vgl. ebd.).

Es ist daher nicht verwunderlich, dass Lehrkräfte beispielsweise als Auswirkung der Internetnutzung einen generellen Rückgang bei der Nutzung traditioneller Medien prognostizieren – insbesondere beim Lesen von Büchern und Zeitschriften oder dem Gebrauch des Radios (vgl. Mpfs 2003, 12).

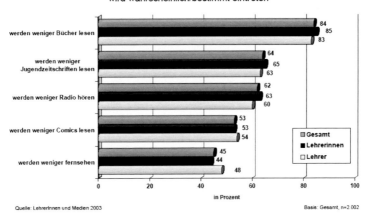

(Abb.10: Entnommen aus: Mpfs 2003, 12).

Trotz der zunehmenden Verdichtung von technischen Ressourcen und medialen Know-Hows existieren prägnante Defizite bei der Integration bildungsorientierter Nutzungsmöglichkeiten innerhalb des Grundschulunterrichts. Auch die Ergebnisse einer repräsentativen Telefonbefragung zur Medienerziehung in der Grundschule aus Sicht von Lehrerinnen und Lehrern bestätigen, dass Grundschullehrkräfte privat zwar gut mit Computern ausgestattet sind, die neuen Medien bildungsorientiert aber kaum verwenden (vgl. Six et al. 2000, 222). „Vermeidungs- und Rechtfertigungsstrategien sind somit Bestandteil eines technikskeptischen Habitus, der sich in erster Linie auf die Alltagspraxis in der Schule bezieht" (Meurer 2006, 205).

Diese Haltungen sind grundsätzlich äußerst kritisch zu betrachten, gerade weil Lehrerinnen und Lehrer selbst innerhalb ihrer medialisierten Lebenswelt Nutzerinnen und Nutzer neuer Medien sind, diesen Zugang jedoch nicht in ihr fachliches Engagement innerhalb ihrer beruflichen Tätigkeitsfelder einfließen lassen. Ein fortgeführter Ausschluss neuer Medien aus bildungsspezifischen Kontexten widerstrebt nicht nur aktuell eindeutigen Entwicklungen. Vielmehr droht die Anschlussfähigkeit zur Lebenswelt der SuS verloren zugehen und als Resultat eine Unterrichtssituation, die vom gegenseitigen Missverstehen und Intoleranz geprägt ist (vgl. Krommer 2006, 176). Beobachtungen zeigen, „dass der Wissensstand der [SuS] über Computer und Internet von der jeweiligen [Lehrkraft] abhängt" (Kuropka 2006, 292). Diese Abhängigkeit vom Interessengebiet der Lehrerinnen und Lehrer im Lernprozess mit Neuen Medien gilt verstärkt für Kinder und Jugendliche, die im Elternhaus wenig Perspektiven einer gezielten Förderung von Computerkompetenzen erhalten (vgl. ebd., 293). Die neue Lernkultur hinsichtlich der Nutzung neuer Medien erfordert von den Lehrkräften die Übernahme neuer Rollen und Perspektiven: Nur noch teilweise vermitteln sie gezielt Informationen und Kenntnisse, eher ist nun die Rolle des Vermittlers, Moderators gefragt, der lediglich Impulse zur neuen Lernumgebung hinzufügt (vgl. Risse 2003, 242). Der Einsatz von Mediendidaktik und Medienerziehung erfordert also einen neuen Definitionsansatz in Bezug auf die Lehrer- und Schülerrolle: Während sich die Schülerschaft immer mehr in Richtung des selbstverantwortlichen Lernens entwickelt, muss die Lehrerin oder der Lehrer die frontale Position verlassen, um die Lernprozesse als Mentor, Moderator und Arrangeur zu begleiten. Die praktische Umsetzung erfordert jedoch von den Lehrkräften den Willen für entsprechende Aus, Fort- und Weiterbildungen (vgl. Barsch 2006, 157). In einer öffentlich verantwortlichen Schule darf es jedoch nicht in dem Belieben der einzelnen Lehrkräfte liegen, sich hinsichtlich dieser Thematik fortzubilden. Vor allem aufgrund des fehlenden persönlichen Interesses und der stabilen Vorurteile, die neuen Medien würden im Lernprozess der SuS störenden Charakter aufweisen und die Persönlichkeitsentwicklung nachhaltig schädigen, darf es nicht in der Verantwortung der einzelnen Pädagogen liegen, sich bezüglich dieses Gegenstandes weiterzubilden (vgl. Risse 2003, 244). „Oft sind Kinder gewandter als die Lehrkräfte im Umgang mit den neuen Medien. Dies gilt es zu nutzen und durch Zusammenarbeit ein gutes Resultat zu erreichen" (Bertschi-Kaufmann 2000,11).

Die Verwendung von Medien unterliegt in vielen Fällen persönlichen Zuschreibungen und Wertungen von Lehrerinnen und Lehrern, die sich dann häufig dazu entschließen, auf traditionelle zurückzugreifen. Weibliche und männliche Lehrkräfte unterscheiden sich hierbei hinsichtlich ihres medialen Habitus voneinander, so dass sich das private Nutzungsverhalten auf den schulischen Arbeitsalltag überträgt – inwieweit das Geschlecht also solches den Lernprozess der SuS beeinflusst, soll im nachfolgenden Kapitel verdeutlicht werden.

4.2 Geschlecht als Einflussfaktor?

Ein markantes Element der Bildungskrise von Jungen betrifft an zentraler Stelle den Bereich der Lesekompetenz und wird in diesem Zusammenhang immer häufiger mit der zunehmenden Feminisierung der kindlichen Erziehung gebracht (vgl. Garbe 2007, 75). Alle Menschen, Frauen und Männer, dienen Heranwachsenden als Vorbilder, d.h. Mädchen und Jungen orientieren sich an ihnen, um ihre eigene Geschlechtsrolle zu definieren, sie einzuüben und sich mit der Gegenüberliegenden vertraut zu machen (vgl. Walter 2005, 57). In Bezug auf das Geschlecht des Lehrers oder der Lehrerin und den damit verbundenen möglichen Identifikationsprozessen zeigt sich, dass in Deutschland 89% aller SuS im Unterricht auf weibliche Lehrkräfte treffen. Im europäischen Vergleich reiht sich Deutschland in die Extremgruppe von Ländern mit sehr hohem weiblichem Lehreranteil ein (vgl. Hornberg et al. 2007, 62). Demnach ist eine Feminisierung der frühen Lesesozialisation rekonstruierbar, welche die Jungen zunehmend in einen Konflikt mit den männlich dotierenden Anforderungen an ihre Rolle bringen. Neben der Mutter im frühen Sozialisationsprozess begleiten die Jungen im weiteren Verlauf überwiegend weibliche Erziehungskräfte – Erzieherinnen im Kindergarten, Lehrerinnen in der Grundschule etc. Auch andere kinderliterarische Instanzen sind mehrheitlich von Frauen besetzt: „Autorinnen, Kritikerinnen, Lektorinnen, Buchhändlerinnen und Bibliothekarinnen lassen die Rezeption von (Kinder-)Literatur als eine weiblich kodierte kulturelle Praxis erscheinen" (vgl. Garbe 2007, 74). Die allgegenwärtige Abwesenheit von „[…] Männern in Kindheit und Jugend verhindert, dass Jungen sich an realen gleichgeschlechtlichen Vorbildern orientieren können. Idole der Medienwelt ersetzen [dann] zunehmend uns reale Menschen" (Walter 2005, 84). Dabei besteht die Gefahr einer unkontrollierten Mediennutzung, die tradierte männliche Rollenbilder im Entwicklungsprozess der Jungen noch weiter verstärken. Die Schule sollte daher als kompensatorische Instanz gegenüber falschen Medienbildern auftreten und Jungen neben medialen Idolen auch im eigenen Geschlechterverhalten einen Vorbildcharakter bieten. Dazu zeigen jedoch neuste wissenschaftliche Studien, dass der hohe Anteil weiblicher Lehrkräfte sich nicht unmittelbar negativ auf den Leseprozess von Jungen auswirkt: Helbig fand im Querschnitt zweier Studien heraus, dass Jungen hinsichtlich ihrer Lesekompetenz nicht von männlichen Lehrkräften profitieren. Hierzu wurden 146315 Grundschüler aus 21 Ländern geprüft (vgl. Helbig 2010, 282ff.).

Wie bereits im Kapitel ‚Verdrehte Geschlechterverhältnisse?' dieser Arbeit verdeutlicht, basiert die Aussage über die maßgebliche Bedeutung von männlichen Bezugspersonen im Grundschulkontext auf einen unzureichenden empirischen Forschungsstand. Dennoch bleibt diese These im didaktischen Diskurs Hauptargument der Befürworter der Jungenförderung. Deren Argumentation zufolge seien Lehrer für die Entwicklung eines positiven Männlichkeitsbildes in Hinblick auf einen geschlechtsspezifischen Vorbildcharakter essentiell – vor allem die Präsenz von Männern, die gezielt Literatur mit Leselust verknüpfen, fehle hier weitestgehend. „In diesem Zusammenhang wird die Forderung nach Quotierung für Männer an der Grundschule immer deutlicher formuliert. Solange gerade der Lehrerinnenberuf der entscheidende Einstiegsberuf für Frauen in akademische Karrieren ist und individuell für viele Frauen den Weg zu einem qualifizierten Arbeitsplatz eröffnet, ist diese Forderung aus Frauenperspektive sehr ambivalent zu beurteilen (vgl. Kaiser 2005, 161).

Zusammenfassend lässt sich sagen, dass weibliche Lehrkräfte weder bei den Jungen negative noch bei den Mädchen positive Auswirkungen auf die Kompetenzentwicklung geführt haben. Die Forderung nach männlichen Lehrkräften kann infolgedessen nicht empirisch bestätigt werden, da kein positiver Effekt von gleichgeschlechtlichen Lehrern und Lehrerinnen ausgeht (vgl. Helbig 2010, 284). Die Förderung der Jungen in ihrer Lesemotivation ist demnach nicht an männliche Bezugspersonen gekoppelt, sondern als didaktische Anforderung, methodische Neukonzeptionierung und schulischem Paradigmenwechsel unter Berücksichtigung neuer Medien zu verstehen.

Zwar nimmt das Geschlecht der Lehrkraft augenscheinlich keinen Einfluss auf die Kompetenzentwicklung der SuS, dennoch verhalten sich Lehrkräfte keineswegs „geschlechterfrei". In der Regel begegnen sie Jungen mit mehr Aufmerksamkeit im positiven als auch im negativen Sinne. Dieses Verhalten verläuft unbewusst und entgeht der eigenen Wahrnehmung vieler Fachkräfte mit Auswirkung auf Redeanteile, Ausrufe usw. (Faulstich-Wieland et al. 2009, 216). Erkenntnisse aus der Forschung lassen demnach darauf zurückschließen, dass Mädchen aufgrund dieser ungleichgewichteten Aufmerksamkeitsverteilung konstant benachteiligt werden (vgl. Cornelißen et. al. 2003, 234). Dies betrifft sowohl den Frontalunterricht als auch die Phasen der Freiarbeit. Den meisten Lehrkräften ist die ungleiche Behandlungsweise häufig nicht bewusst. Im praktischen Verlauf zeigte sich sogar, dass, sobald Lehrkräfte dieses Ungleichgewicht gegenüber den Mädchen aufzulösen versuchten, sich die Jungen massiv beschwerten und benachteiligt fühlten. Jungen lernen also durch die alltägliche Schulpraxis zwei Drittel der Aufmerksamkeit von der Lehrkraft zu erhalten- sie entwickeln infolgedessen auch einen Anspruch darauf. Auffällige Verhaltensmerkmale von Jungen – so die Vermutung – sind evtl. sogar auf diesen Tatbestand zurückzuführen (vgl. Jantz/ Brandes 2006, 30). Cornelißen zieht den Schluss, dass Mädchen aufgrund ihrer besseren Schulleistungen trotz nachteiliger Aufmerksamkeitsverteilung nicht zwangsläufig benachteiligt sind, vielmehr müsste eingehender untersucht werden, was die geschlechtsspezifische Verteilung in der Aufmerksamkeit für die Jungen wirklich bewirkt (vgl. Cornelißen et. al. 2003, 234).

Lehrerinnen neigen dazu, sich besonders stark um das männliche Geschlecht zu bemühen. Schülerinnen werden dagegen häufig weniger beachtet. Die soziale Jungenförderung muss eine ganzheitliche Veränderung des vorhandenen Geschlechterverhältnisses fördern und dabei vor allem auch weibliche Fähigkeitsbereiche aufwerten und dem männlichen Geschlecht abverlangen (vgl. Kaiser 2005, 152f.).

Die Leistungskrise der Jungen kann nur dann hinreichend verändert werden, wenn sie im Kontext der hierarchischen Geschlechterordnung betrachtet wird, d.h. Jungen brauchen die Abgrenzung von allem Weiblichen, um ihre Männlichkeit zu definieren – und das auch im schulischen Kontext (vgl. Garbe 2007, 75). Vielen weiblichen Lehrkräften sind, wie bereits betont, geschlechtsspezifische Unterschiede nicht bewusst. Eine Aufklärung über die Leseinteressen der Jungen kann dazu beitragen, die Pädagoginnen in dieser Angelegenheit zu sensibilisieren und ihre eigenen Verhaltensweisen kritisch zu reflektieren. Langfristige Erfolge können hier nur auf der Basis von Weiterbildung und Qualifizierung der Personalebene erzielt werden (vgl. Luca et al. 2007, 132). „Um Mädchen und Jungen in ihren individuellen Fähigkeiten und Stärken zu fördern und ihnen gleiche Chancen zu bieten, ist es wichtig, nicht ungewollt und unreflektiert geschlechterstereotype und Alltagstheorien zum Geschlechterverhältnis im beruflichen Alltag zu transportieren" (Focks 2003, 13). Dabei sollten Lehrerinnen gerade in Bezug auf die Steigerung von Lesekompetenz und Lesemotivation keine bloßen Handlungsschemata vorgegeben werden. Vielmehr wären substanzielle Kenntnisse relevant, die es ermöglichen, "[...] die Voraussetzungen und die Praxis von Jungen und Mädchen im Umgang mit dem Lesen differenziert wahrzunehmen, und von dort aus ihren kritischen Blick selbstkritisch auf ihre eigene Handlungspraxis zu werfen" (Luca et al. 2007, 129). Es zeigt sich erneut, dass sich das Verhalten von Mädchen und Jungen in der Schule stark an den Abbildern der Erwachsenen orientiert. Werden letztere genauer hinsichtlich ihrer professionellen und geschlechtsbezogenen Haltung reflektiert, können Jungen wie Mädchen mithilfe der positiven Vorbilder ihren Identitätsfindungsprozess besser vorantreiben (vgl. Jantz/ Brandes 2006, 36). „Deshalb sollten sich auch Grundschullehrerlnnen mit der *eigenen Theorie von geschlechtlichem Denken und Handeln* auseinandersetzen" (Hervorh. im Original) (ebd.).

5. Beispielanalyse

Didaktische Prinzipien orientieren sich immer an den spezifischen Inhalten - die Perspektiven für eine Lesemotivationsförderung von Jungen sind nur dann in Hinblick auf die Zielperspektive dieser Arbeit erfolgreich aufzuzeigen, wenn die allgemeinen Dimensionen einen inhaltlichen Bezug erhalten.

Trotz der Fülle von Lesespielen oder Onlineprogrammen über Kinderbuchklassiker wird häufig entweder der Gender-Aspekt in der Ausrichtung des Medienangebots berücksichtigt, ohne jedoch ein adäquates Leseangebot zu schaffen, oder aber der Fokus liegt allein auf dem Aspekt der Leseförderung, ohne die Jungen dabei als konkrete Zielgruppe zu beachten. Basierend auf dieser Arbeit müsste ein geeignetes Online- oder Computerprogramm folgende Kriterien erfüllen:

1. Die Protagonisten im Spiel sollten keine stereotypisierten Männlichkeitsbilder an die Jungen weitergeben und stattdessen alternative Geschlechterrollen anbieten. Das Computerprogramm sollte also gezielt literarische Vorbilder für den Prozess der Identitätsentwicklung von Jungen anbieten können, ohne diese anhand stereotypischer Eigenschaften zu etikettieren;

2. Die Lektürepräferenzen von Jungen (und Mädchen) müssen bei der Auswahl des Computermediums ein primäres Kriterium einnehmen – hier ist in Bezugnahme zu Punkt eins darauf zu achten, dass Jungen eben nicht Emotionalität und Einfühlungsgabe als Zwang in der Auseinandersetzung mit Literatur erfahren;

3. Das Programm sollte gezielt Lesemotivation fördern, um das Lesen für Jungen (als Basis) wieder attraktiv zu gestalten. Dabei ist es notwendig, die inhaltlichen und methodischen Präferenzen (spielerische Einbettung, Strategie, visuelle Effekte) so einzusetzen, dass daran anschließend im Unterricht weitere Lesestrategien erfolgreich initiiert werden können, um die Lesekompetenz in weiteren Elementen zu unterstützen.

4. Aspekte der Medienkompetenz - wie Medienkunde, Medienkritik, Mediennutzung, Mediengestaltung - müssen mit den Programmen didaktisch aufgearbeitet werden können. Dazu eigenen sich auch die mediendidaktischen Dimensionen in Kapitel 2.5.

5. Die positive Selbsteinschätzung der Jungen im Bereich der Medienkompetenz sollte idealerweise gewinnbringend für die Computerarbeit genutzt werden. Das Programm muss die Jungen also auf ihrem

lebensweltlichen Stand abholen und sie gezielt in der Weiterentwicklung von Medienkompetenzen unterstützen. Das hieße aber auch, dass das Programm individuell und differenziert mit den SuS arbeitet, um die verschiedenen Kompetenzstufen auf unterschiedlichen Ebenen weiterzuentwickeln (innere Differenzierung).

Im folgenden Teil meiner Arbeit werden nun zwei Leseprojekte vorgestellt, die teilweise für die gezielte Steigerung der Lesemotivation von Jungen eingesetzt werden könnten. Diese sollen nun im folgenden Abschnitt kurz skizziert und anhand der oben aufgeführten Kriterien beurteilt werden.

5.1 Das Projekt: Schwimmen lernen im Netz

Das Projekt ‚Schwimmen lernen im Netz' wurde als Modellversuch 3 Jahre (2000-2003) an 5 Schulen (Grund- und Förderschulen) mit insgesamt 9 Klassen und ca. 160 Kindern durchgeführt. Träger dieses Projektes waren das Bundesministerium für Bildung und Forschung, die Bund-Länder-Kommission für Bildungsplanung und Forschungsförderung sowie die Behörde für Bildung und Sport und das Senatsamt für die Gleichstellung. Ziel dieses Projektes ist es, die medialen Vorerfahrungen der SuS so zu nutzen, dass sie in einen kreativen und produktiven Lernprozess mit einfließen können. So orientiert sich das Lernarrangement an den Stärken und Schwächen von Mädchen und Jungen, um geschlechtsspezifischen Zugangsmöglichkeiten kompensatorisch entgegenzuwirken. Auch die vorhandenen Medienkompetenzen der SuS sollen so genutzt werden, dass eine Verinnerlichung des Zeichen- und Symbolsystems stattfinden kann (vgl. Jansen-Schulz 2004, 16f.). Die Intention dieses Projekts liegt darin, die hohe Motivation der Kinder in Bezug auf die neuen Medien positiv für die Teilhabe am Unterricht zu nutzen und dabei geschlechtsspezifische Besonderheiten zu berücksichtigen (vgl. http://netzspannung.org/learning/swimming/).

5.1.1 Moduldarstellung

Das Abenteuer ‚Torins Passage' ist ein Adventurespiel aus dem Projekt ‚Schwimmen lernen im Netz', indem sich klassische Erzählformen mit interaktiven Phasen vermischen. Die Geschichte berichtet von einem Jungen, der sich nach der Entführung seiner Eltern auf den Weg macht, um diese zu befreien. So reist er durch verschiedene Welten, in denen er außergewöhnliche Gestalten trifft und viele Abenteuer erlebt. Die Story ist dem Muster einer klassischen Heldengeschichte nachempfunden, obwohl zeitweise auch parodistische Elemente aus dem modernen Leben aufgegriffen werden. Torins Passage bietet vielfältige Arbeitsaufträge: So können die Spielerfahrungen in Schreibanlässe geformt werden (z.B. Torin schreibt einen Brief an seine Eltern), verschiedene Rollenspiele zu gezielten Passagen des Spieles können initiiert werden, zudem lassen sich Teile der Geschichte an den Fremdsprachenunterricht anknüpfen und mit Hilfe von Erzählkarten rekonstruieren. Das Eintauchen in diese Phantasiegeschichte soll gezielt die Leselust anhand einer aufregenden Imagination simulieren – und so Literatur als Übergangsraum zwischen Lebenswelt und Fiction erfahrbar machen (vgl. http://netzspannung.org/learning/swimming/torin/). Die Projektinitiatoren einigten sich vor allem deswegen auf das Adventurespiel Torins Passage, da beide Geschlechter die Möglichkeit haben, sich mit der Heldenfigur Torin zu identifizieren. Die Figur charakterisiert sich durch ein sanftes und intelligentes Verhalten – Gewalt, Kraft und Imponierverhalten sind nicht zu erkennen. Daher können sich ebenfalls Mädchen in diese Figur hineinversetzen, für Jungen bietet sie zusätzlich ein positives Leitbild hinsichtlich ihrer Geschlechterrolle (vgl. Jansen-Schulz 2004, 19).

5.1.2 Didaktische Bewertung

Obwohl dieses Projekt mit Leseanlässen wirbt, kann sowohl im Adventurespiel Torins Passage als auch in den anderen Projektmodulen (Die Robe, Mädchen am Meer und Rosalind das Katzenkind) für den Deutschunterricht nicht genug Lesepotential gefunden werden. Torins Passage setzt starke mediale Reizpunkte für Jungen, die aufgrund der hohen Motivation in den Unterrichtsphasen sehr positiv genutzt werden können – hier ließen sich Leseprojekte anknüpfen, die im didaktischen Konzept dieses Projektes jedoch nicht explizit vorgesehen sind. Vielmehr setzt die Konzeption von ‚Schwimmen lernen im Netz' auf gezielte Schreibanlässe, die auch die medialen Vorerfahrungen der Kinder von zu Hause miteinbeziehen und diese weiterentwickeln. Außerdem kann im schulischen Bereich wie auch zu Hause die Produktion bzw. Verschriftlichung von Texten am Computer geübt werden. Die didaktische Bewertung des Programms unter Berücksichtigung der Lesemotivationsförderung von Jungen möchte ich folglich anhand der in Kapitel 2.5 definierten dimensionalen Kriterien vornehmen:

- Technisch- instrumentelle Dimension: Das Programm Torins Passage verfügt über multimedial verknüpfte Medienelemente (Hypermedialität) und verbindet Bilder, Texte, Grafiken und andere Designs miteinander. Damit werden vielfältige Elemente der Handhabung und Bedienung von Medien sowie Basiswissen über allgemeine instrumentelle Tätigkeiten anhand der Lernsoftware weitergegeben. Die Funktionalität und Gestaltung von Bild und Text für den Verlauf des Spiels ist altersgemäß angepasst und schnell nachvollziehbar;

- Orientierungsbezogene Dimension: Das Vorgehen bei Torins Passage vollzieht sich stark linear und generiert sich aus dem Spielgeschehen selbst. Eine Orientierung in der virtuellen Umgebung ist daher schnell möglich, verhindert aber eine Erschließung neuer Ressourcen. Didaktisch sind hier Leseanreize deutlich weniger stark akzentuiert als die Textproduktion;
- Arbeitskoordinatorische Dimension: Die Bezugnahme auf externe Ressourcen ist im Spiel nicht integriert (z.B. Bücher und Texte) und muss durch die jeweilige Lehrkraft analog zum Spiel eingebracht werden. Dies ist jedoch nicht für den erfolgreichen Verlauf des Spiels notwendig und wirkt eher irritierend. Organisation und systematische Planung von Arbeitsschritten sowie die Verarbeitung verlaufen linear und unter starken Reglementierungen des Spielgeschehens und schließen Leseanreize aus;
- Unterrichtsbezogene Dimension: Torins Passage bietet an vielen Stellen Anreize zur Textproduktion und eignet sich daher für die Verbindung mit so akzentuierten Unterrichtsmodellen. Leseanreize werden durch die Wiedergabe eigener Texte zwar angeregt, jedoch nicht tiefergehend in die medienbasierte Konzeption aufgenommen. Hier ist es wieder Aufgabe der Lehrkraft, Leseanreize zu setzen;
- Ästhetisch- emotionale Dimension: Auf technischer Ebene ist die graphische Umsetzung von Torins Passage nicht mehr zeitgemäß und enthält viele typische Grafikelemente aus den 1990er Jahren, die heute besser umgesetzt werden können. Ziel muss es sein, die SuS in ihrer gewohnten medialen Lebenswelt abzuholen. Die Farben dagegen sind in Hinblick auf Ästhetik im Spiel sehr gut gewählt, die Abbildungen der Figuren sind zeitweise etwas zu überspitzt dargestellt. Insgesamt handelt es sich um ein altersgemäß strukturiertes Lernprogramm. Der Umgang und die Darstellung von Emotionen gelingen;
- Systembezogene Dimension: Die Integration des Programms in den Unterricht wurde gemäß der Studie erfolgreich initiiert. Dennoch erfordert die Anpassung unterrichtlicher Teilsysteme primär die Eigenleistung der Lehrkräfte. Leseanreize werden nur sehr unpräzise und eher beiläufig gesetzt. Erhebliche Potenziale zur Lesemotivationssteigerung bleiben demzufolge unbeachtet;
- Ethische Dimension und gesellschaftskritische Dimension: Der verantwortungsvolle Umgang mit Medien sowie eine Sensibilisierung der SuS ist kein Teilbereich der Software und damit alleinige Aufgabe der Lehrkraft.

Beeindruckend sind die Ergebnisse der Kinder, die ihre Fernsehlieblingssendungen mit Schreibanlässen verknüpfen durften. Bereits die Lektürepräferenzen der Jungen im Kapitel 1.4.2 zeigten, dass die ersten Leseerfahrungen häufig mit der medialen Filmwelt und dem Fernsehen verknüpft waren (Harry Potter, Die wilden Kerle etc.). Es sollte also überlegt werden, inwieweit die Fernseherfahrung der Kinder nicht mit der entsprechenden Computerlektüre verbunden werden kann, um weiter Reizpunkte hinsichtlich einer Lesemotivation zu setzen.

5.2 Das Leseprogramm: PISAKIDS

Ein weiteres Internetprogramm zur Leseförderung ist ‚PISAKIDS' – es richtet sich mit seinem interaktiven Leseprogramm an Grundschülerinnen und Grundschüler und fördert auf der Grundlage von Kinderliteratur systematisch den Erwerb und die Weiterausbildung von Lesekompetenz. PISAKIDS umfasst eine umfangreiche Sammlung graphisch ansprechender Interaktionsspiele, die auf einen handlungsorientierten Unterricht beruhen.

Die Lesedidaktik, die PISAKIDS zugrunde liegt, charakterisiert sich durch (1) Selbststeuerung, (2) Individualisierung und (3) Differenzierung. Die SuS erhalten eine Evaluation ihres Lernerfolgs und die Lehrkraft kann durch objektive Datenspeicherung über die Leistungen der Klasse eine präzise Förderdiagnose stellen (vgl. Simon-Pätzold 2007, 3). PISAKIDS gründet seine Lesedidaktik auf dem Kompetenzbegriff von PISA, berücksichtigt aber auch die Kritik an der Begriffsbestimmung. So werden z.B. auch Aspekte zur Lesesozialisation, Lesestrategie und Lesemotivation bedacht. Die vier aufeinander aufbauenden Kompetenzstufen orientieren sich an der reading-literacy–Theorie (s. Kapitel 1.3) von PISA und versuchen diese in einem Konzept für die Grundschule zu realisieren. Die vier Ebenen können folgendermaßen umrissen werden: (1) Ebene A: Dekodieren von Wörtern; (2) Ebene B: Einfache Informationen zu entnehmen und sie aufeinander zu beziehen (3) Ebene C: Umfangreiche Texte lesen sowie Beziehungen und textstrukturelle Elemente erfassen; (4) Ebene D: Text als Ganzes wahrzunehmen, sich mit Textstrukturen und Interpretationen kreativ auseinanderzusetzen. Die vier Anforderungsebenen lassen den Nutzer und die Nutzerin selbst entscheiden, welcher Schwierigkeitsgrad bei den Spielen eingestellt wird – das Lieblingsspiel der Kinder kann so in verschiedenen Übungsvarianten ausprobiert werden, zugleich registriert der Computer alle Aktivitäten des Kindes und gibt Rückmeldung über seine verzeichneten Erfolge. Zur Auflockerung können nach den Leseübungen wahlweise Hörgeschichten, Kreuzworträtsel oder Bastelarbeiten erfolgen – zudem besteht stets die Möglichkeit, eine eigene kleine Geschichte zu schreiben und auszudrucken (vgl. Simon-Pätzold 2007, 4ff.).

PISAKIDS will mit dem Computer wichtige Lern- und Leseanreize setzen, um damit einen dauerhaften Zugang zur Literatur zu schaffen – dies geschieht systematisierend und individuell zugleich. Die Medienkompetenz der SuS kann in diesem Programm zielgerecht vorangetrieben werden, um Lehrkräfte zu entlasten und Lernfortschritte transparent zu gestalten (vgl. ebd.).

5.2.1 Moduldarstellung

„Das Programm PIDSAKIDS umfasst derzeit 20 Bücher für das erste bis dritte Schuljahr. Für jedes Buch werden 15 bis 32 Spiele und Aufgaben auf vier Anforderungsebenen angeboten" (http://www.pisakids.de/buecher). PISAKIDS stellt eine Vielzahl von Büchern bereit. Die dazugehörigen Spielvarianten wiederholen sich jedoch je nach Schwierigkeitsgrad, sodass das Konzept von PISAKIDS auch exemplarisch gut zu veranschaulichen ist. Der Inhalt des jeweiligen Aufgabenformats ist natürlich je nach Buch different.

Mehrere Aufgabenformate im Spiel sind darauf angelegt, durcheinander gebrachte Textpassagen wieder in die richtige Reihenfolge zu bringen. Das Ordnen von Textpuzzlen fordert vielfältige Teilkomponenten der Lesekompetenz – so müssen auf der Ebene D die Textpassagen sinnentnommen gelesen und in einen höheren Zusammenhang mit Textaufbau, -struktur und –verlauf gesetzt werden (im Spielgeschehen als Ameisen- und Hahnenaufgaben bezeichnet). Das Bergsteigerquiz stellt Fragen zum Inhalt einer Geschichte – spielerisch eingebettet werden den Kindern jeweils drei Antwortmöglichkeiten bereitgestellt. Neben der inhaltlichen Erfassung der Geschichte müssen die Kinder die Fragestruktur verstehen sowie im ganzheitlichen Zusammenhang die richtigen kognitiven Verknüpfungen/ Interpretationen ziehen. Das Lernprogramm bietet ergänzend einfache Aufgabenformate sowie gezielte Auflockerungsaufgaben zur Motivation. So können die SuS Wörter in die richtige alphabetische Reihenfolge bringen oder aus einzelnen Wörtern einen zusammenhängenden Satz formen. In anderen Aufgabenformaten sollen Sätze gefunden werden, die inhaltlich gleiche Aussagen treffen. Auf diesem Portal besteht zudem immer die Möglichkeit, verschiedene Arbeitsblätter (Kreuzworträtsel, Lesestoff, Malanlässe) auszudrucken und diese ohne Computer zu bearbeiten. Ziel der Kinder ist es, mit jeder gewonnen Aufgabe Buchseiten für eine weitere spannende Geschichte zu sammeln.

Die ausgewählten Bücher im PISAKIDS-Projekt umfassen eine Reihe von Abenteuergeschichten mit vielen phantastischen Elementen und surrealen Inhalten. Das Projektbuch ‚Ein Schaf fürs Leben' integriert beispielsweise spannende, zweideutige, sowohl tragische aber auch glückliche Elemente. „Unglaublich geschickten [sic] changiert die Handlung zwischen der [...] Erwartung, dass der Wolf Schafe frisst und der Möglichkeit, dass es trotz der instinktgeleiteten Kreatürlichkeit eine „menschliche" Annäherung geben könnte, denn die Identifikationsfigur des kindlichen Lesers verdient einfach kein so schnödes, blutiges Ende" (http://www.pisakids.de/rezensionen/ein-schaf-fuers-leben). Auch andere Bücher wie ‚Josef Schaf will auch einen Menschen', ‚Das Grüffelokind' oder ‚Der Buchstabenfresser' sind auf die Lektürepräferenzen der Jungen (und Mädchen) zugeschnitten. Keines der Projektbücher stereotypisiert in seinen Handlungen oder Figurenbeschreibungen den männlichen oder weiblichen Konstruktcharakter – jedem Buch liegt ein begründeter Auswahlprozess zugrunde und dieser kann in einer Rezession nachempfunden werden.

5.2.2 Bewertung

Nachdem das Programm ‚Schwimmen lernen im Netz analysiert wurde, soll im Folgenden ebenfalls PISAKIDS anhand der grundlegenden didaktischen Bewertungskriterien untersuchen:

- Technisch- instrumentelle Dimension: Die Handhabung und Bedienung des Lernprogramms ist äußerst flexibel gestaltet und bezieht dabei eine Vielzahl anderer Medien mit ein. Die Möglichkeit des Ausdrucks von Textelementen und Geschichten verbindet darüberhinaus Hypertexte mit Printmedien. PISAKIDS fördert durch die äußerst multimediale Aufbereitung umfangreiches Wissen über den instrumentellen Umgang mit Hypermedialität;
- Orientierungsbezogene Dimension: Die Orientierung und der Umgang mit der technischen und virtuellen Umgebungen ist frei und wird durch eine integrierte Hilfefunktion (in Form einer Maus) teilweise angeleitet. Anders als in Torins Passage sind jederzeit neue Ressourcen, Quellen und Arbeitsformen abrufbar. Die Orientierung geht aufgrund der variablen Schwierigkeitsgrade vom SuS aus. Der Verzicht auf Linearität im Spiel ermöglicht freie Gestaltungen. Lesemotivation ist ein fester Bestandteil der Gesamtkonzeption;
- Arbeitskoordinatorische Dimension: Zum einen initiiert der variable Schwierigkeitsgrad unterschiedliche Problemsituationen und Anforderungen, zum anderen ermöglicht er einen differenzierten Umgang mit diesen. Konkret erlaubt die Software – auch unter Berücksichtigung der geschlechts- spezifischen Akzentuierungen – die Anwendung in einer Klasse mit unter- schiedlichen Geschlechtern und Leistungskapazitäten (innere Differenzierung). Da die Organisation und systematische Planung von Arbeitsschritten hinsichtlich der Darstellungen, der Anforderungen und der Thematiken frei

wählbar ist, kann individuellen Interessen oder Förderbedürfnissen entsprochen werden;
- Unterrichtsbezogene Dimension: Eine Verbindung von Unterrichtsmodellen mit dem medienbasierten Konzept von PISAKIDS geschieht bereits durch die Multimedialität des Programms selbst. Der Lehrkraft ist es möglich, pädagogische Aufgaben zu fokussieren, da die inhaltliche Konzeption (auch hinsichtlich Leseanreizen und Lesemotivationsförderung) funktionales Material zur Verfügung stellt. Dennoch muss vermerkt werden, dass ein ganzheitliches interaktives Lesen am Bildschirm in PISAKIDS noch nicht verwirklicht worden ist. Vielmehr wird der Inhalt der Lektüre vorausgesetzt, um die Spiele erfolgreich zu meistern – das Lesen der ganzen Geschichte findet dann aber noch am Printmedium statt. Die Aufgaben sind in ihrer Zielausrichtung immer auf die Lesemotivation und –förderung ausgerichtet – natürlich müssen zur erfolgreichen Aufgabenbewältigung auch die Teilelemente des Arbeitsauftrags erfolgreich und sinngemäß gelesen werden können;
- Ästhetisch- emotionale Dimension: Die technische und mediale Darstellung gelingt sehr ansprechend und alterskonform. Die angebotenen Inhalte sind auf die Bedürfnisse von Jungen (und Mädchen gleichermaßen) abgestimmt. Realistische Literatur ist kaum zu finden. Sattdessen werden viele phantastische Geschichten angeboten, in denen mehrfach Tiere die Hauptprotagonisten spielen. Bei genauerer Analyse finden sich dagegen wenige Heldenfiguren in den Geschichten wieder. In keiner der Erzählungen verbergen sich bedenkliche Stereotypisierungen, jedoch lassen sich auch keine positiven Identifikationscharaktere finden, die dem gesellschaftlichen ‚Männerbild' mit alternativen Handlungsmöglichkeiten gegenüberstehen. PISAKIDS ist insgesamt verhältnismäßig geschlechtsneutral aufgebaut;
- Systembezogene Dimension: Da das Programm PISAKIDS auf eine lineare Verwendung verzichtet und gezielt auf externe Quellen (Printmedien) zurückgreift, gelingt die Integration in den Unterricht vergleichsweise umfassend.
- Ethische Dimension und gesellschaftskritische Dimension: Die verantwortungsvolle Nutzung der Medien sowie die Sensibilisierung der SuS obliegt auch bei PISAKIDS der Lehrkraft.

PISAKIDS eignet sich in mehrfacher Form zur Steigerung der Lesemotivation von Jungen, da es in vielfacher Hinsicht die oben aufgestellten Kriterien erfüllt. So fällt die Lektüre von PISAKIDS positiv durch das gewählte Genre auf, welches sowohl Mädchen als auch Jungen auf die ersten Plätze in der Lektürebefragung wählten –

spezielle Literatur, die besonders Jungen anspricht und Vorbildcharakter im Sozialisationsprozess verleiht, ist hier jedoch nicht zu finden. Dafür wird das Programm durch ein entsprechendes Internetportal beständig erweitert.

Die Spiele sind systematisch aufgebaut und bieten sehr hohes Potential zur Leseförderung. Besonders interessant ist die Einbettung der Arbeitsaufgaben – hier kann die hohe Motivation im Umgang mit neuen Medien in zielgerichtete Lernaufträge übertragen werden (s. Anhang). Hinsichtlich der Medienkompetenz fallen mehrere Aspekte positiv in der Projektkonzeption auf: Das Programm bietet eine aufbauende Struktur, die von SuS erfolgreich rezipiert werden können. Im Sinne einer Autodidaktik kann sich die Nutzerin und der Nutzer Hilfestellung im Gebrauch bzw. in der Bedienung des Programms selbst holen, sie erhalten zusätzlich eine transparente Leistungsbewertung, die es ihnen ermöglicht, ihre Lese- und Medienkompetenzen zielgerichtet einzuschätzen und weiterzuentwickeln.

6. Gendergerechte Mediennutzung im Deutschunterricht

6.1 Perspektiven der Leseförderung

„Während es seit Langem eine Diskussion über die Förderung von Mädchen in den Bereichen Mathematik, Naturwissenschaften und Informatik gibt, steckt die Diskussion über eine Lese- (und Schreib-)Förderung für Jungen noch in den Kinderschuhen. Hier besteht ein erheblicher Handlungsbedarf für die Zukunft" (Garbe 2007, 78). Dabei muss die Förderung der Lesemotivation (und damit gleichzeitig der Lesekompetenz) auf drei Ebenen betrachtet werden – zum einen müssen langfristig strukturelle Problemstellungen thematisiert werden, die sich nicht allein auf die schulische Leseförderung beziehen. Mittelfristige bis kurzfristige Aufgaben können dann zum anderen gezielte schulische Problemfelder behandeln, die im Deutschunterricht der Grundschule didaktisch und methodisch überdacht werden müssen. Es „lässt sich sagen, dass das Wissen um lernpsychologische Zusammenhänge, die Berücksichtigung solider empirischer Daten und darauf aufbauend eine sensible Wahrnehmung individueller und situativer Dispositionen Eckpunkte einer förderlichen Leseumgebung bilden" (Schilcher/ Hallitzky 2004, 131). Eine grundlegende Leseförderung von Jungen kann nur dann erfolgreich initiiert werden, wenn folgende Standpunkte Beachtung finden:

1. Langfristige Aufgabe: Unsere Geschlechterbeziehungen müssen langfristig in Hinblick auf eine wirkliche Geschlechterdemokratie überdacht und verändert werden. Ziel muss es sein, geschlechterspezifische Fähigkeitszuschreibungen und Hierarchien zu überwinden, vor allem sollte das „Männerbild" in unserer Gesellschaft Emotionalität und Empathie erlauben. Während sich das Frauenbild in den letzten Jahrzehnten maßgeblich verändert und emanzipiert hat, sind die Jungen stärker als je zuvor gesellschaftlichen Normen und Stereotypen unterworfen. Eine gleichberechtigte Geschlechterdemokratie hieße auch, dass mehr männliche Vorbilder der starken Verknüpfung von Lesen und Weiblichkeit in der Lesesozialisation entgegentreten sowie die vorschulische Erziehungsarbeit gesamtgesellschaftlich aufgewertet wird. Die Leseförderung von Jungen bleibt demnach ein langfristiges gesellschaftliches Projekt, dass nicht allein von der Schule getragen werden kann (vgl. Gabe 2007, 78f.). Väter spielen in der erfolgreichen Lesesozialisation ihrer Kinder eine entscheidende Rolle. Gerade Jungen brauchen den Vorbildcharakter ihres Vorlesevaters. Daher sind Väter eine wichtige Bezugsgruppe, um sie als Partner von Leseförderprojekten zu gewinnen. Eine Einbindung der Väter in Förderleseprogramme hieße, (1) eine Bewusstseinsbildung ihrer Vorlese-

funktion voranzutreiben, (2) ihnen Motivation für die gewünschte aktive Freizeitbeschäftigung zu geben sowie (3) eine Infrastruktur zu schaffen, die bundesweite Vorlese-Patenschaften von Vätern unterstützt (vgl. Vorlese-Studie 2009, 29). Die Chance, Männlichkeitsvorbilder in der Schule so einzusetzen, dass sie positiv auf das Selbstkonzept der Jungen einwirken, bleibt jedoch leider weitestgehend ungenutzt (vgl. Cornelißen et. al. 2003, 239). Wichtig ist, dass es nicht darum geht, Jungen an die geforderten Ansprüche anzupassen, vielmehr sollte eine Unterstützung an der Stelle impliziert werden, wo das Bild von Männlichkeit kontraproduktiv ist (vgl. Jantz/ Brandes 2006, 34). „Soziale Ungleichheiten in den Geschlechterverhältnissen und damit auch gesellschaftliche Strukturen lassen sich [also] nicht allein durch pädagogische Arbeit verändern. Hier bedarf es vor allem auch gesellschaftspolitischer Veränderungsstrategien" (Focks 2003, 19). Es zeigt sich des Weiteren, dass Kinder und Jugendliche sich dann zum Leser entwickeln, wenn sie durch ein breites Angebot von Medien unterstützt werden– einzelne Maßnahmen können dieser Problematik nicht entgegenwirken (vgl. Gölitzer 2010, 204). Jungen gelten in ihrem gesellschaftlichen Rollenbild als computerinteressiert und technikbegabt, diese Typisierung kann hier losgelöst und positiv verstärkt in didaktische und methodische Konzeptionen des Deutschunterrichts zur Förderung der Lesemotivation integriert werden;

2. Mittelfristige Aufgabe: Schulen müssen systematisch von der ersten bis zur letzen Klassenstufe Leseförderung betreiben – gerade die PISA-Ergebnisse zeigen, dass Deutschland einer schlecht entwickelten Lesesozialisation innerhalb der Familie schulisch nicht ausreichend entgegengewirkt. Daher sollte es Aufgabe einer jeden Schule sein, interessante Lesestoffe für Jungen anzubieten (Qualität) und den generellen Leseumfang zu steigern (Quantität) – Schulen müssen folglich zu Orten des Lesens umgebaut werden (vgl. Garbe 2007, 79f.). Einzelne Leseförderprojekte können und dürfen nicht das angestrebte Ziel sein, vielmehr gilt es, ein universelles Gesamtkonzept im Curriculum der Schulen so zu verankern, dass die geschlechtsspezifischen Unterschiede in allen Jahrgängen und Fächern Berücksichtigung finden (vgl. Luca et al. 2007, 131). Neue Medien sind seit geraumer Zeit ein Teil leseförderlicher Konzeptionen, die in bildungspolitischen Richtlinien verankert sind. Leider zeigt sich noch immer in den schulischen Erziehungsinstanzen ein breites Misstrauen gegenüber den neuen Medienformen: „Sowohl kooperative Lehr-/ Lernformen als auch medien- und computerunterstützte Lehr-/ Lernformen stoßen – schon jeweils für sich allein genommen – häufig auf eine

fundamentale Skepsis in Erziehung und Bildung. [...] [Man scheut] bislang die hohen Investitionen in Konzepte, Personal, Qualifizierung, Infrastruktur usw." (Filk 2003, 96f.). Eine nachhaltige Förderung der Lesemotivation von Jungen und eine Steigerung des qualitativen und quantitativen Leseumfangs im Deutschunterricht - basierend auf der Nutzung neuer Medien - setzt demzufolge strukturelle Gegebenheiten auf der Ebene der Institution Schule voraus, das bedeutet: (a) eine den Schülerzahlen entsprechende technische Ausstattung (b) funktionale Räumlichkeiten (c) ausgebildete Lehrkräfte und (d) geeignete Lernsoftware sollten vorhanden sein;

3. Kurzfristige Aufgabe: Leseförderung muss für Jungen (und Mädchen) im Medienverbund initiiert werden – ein zeitgemäßer Deutschunterricht darf das Buch nicht in Konkurrenz mit anderen Medienformen sehen, auf das Lesen von Texten wird also nicht zwangsläufig verzichtet. Eine geschlechtsspezifische Leseförderung kann nur dann gelingen, wenn die Lektüre- und Medienpräferenzen der Geschlechter Beachtung finden und zudem die individuellen Aspekte einer heterogenen Klassenkonstellation bedacht werden (vgl. Garbe 2007, 81). Auch Kepser (2010) erkennt, dass eine Leseförderung nur dann gelingen kann, wenn Kinder- und Jugendliteratur in einem medialen Verbund begriffen und entsprechend im Unterricht bedacht wird (vgl. Kepser 2010, 552). Sobald den Jungen das Medium Computer im Deutschunterricht bereitgestellt wird, steigt ihre Lesemotivation und damit die Quantität im Lesen. So lassen sich auch die qualitativen Unterschiede zwischen Jungen und Mädchen verringern (vgl. Bertschi-Kaufmann 2000, 11). Dabei zeigen SuS nach längeren Phasen am Computer und einer ausreichend zur Verfügung gestellten Lesezeit das Bedürfnis, im Bereich der Printmedien weitere Bücher zur Vertiefung zu rezipieren. Die Nutzung des Computers oder des Internets regt also im besonderen Maße die Lesemotivation an (vgl. ebd.). Dies zeigt nochmals deutlich, wie das Interesse der SuS gegenüber dem Computer und Internet mit einer Steigerung der Lesemotivation in Verbindung gebracht werden kann. Die moderne Leseförderung kann demzufolge nur darauf abzielen, dass im Unterricht neben den Büchern auch elektronische Medien zur Verfügung stehen. Dabei ist ebenfalls die Aktualität entscheidend – vor allem fantastische Bücher sind hier gefragt. Die Lehrkraft selbst sollte Freude am Lesen vermitteln und Informationen darüber sammeln, welche Literatur attraktiv und förderlich für den Unterrichtsprozess ist. Dazu muss eine vertrauensvolle, tolerante Grundbasis geschaffen werden, in der Zeit für die Entwicklung des Kindes vorhanden ist (vgl. ebd., 13).

Eine geschlechtsbewusste Pädagogik ist eine Attitüde, die sich die Lebenswelten von Jungen und Mädchen bewusst macht und ihre Umsetzung im Alltag kritisch reflektiert. In diesem Prozess werden Jungen und Mädchen, unabhängig von geschlechtstypisierten Zuschreibungen, als Individuum mit eigenen Schwächen und Stärken betrachtet und gefördert. Die Identitätsentwicklung der Kinder hinsichtlich des doing-gender-Prozesses wird aufmerksam verfolgt sowie mit vielfältigen Handlungsalternativen angereichert und erweitert. Die geschlechtsbewusste Pädagogik sucht einen gleichberechtigten Dialog mit den Kindern und versucht, diese aktiv daran zu beteiligen (vgl. Focks 2003, 19). Eine geschlechtsspezifische Leseförderung kann deshalb nur dann erfolgen, wenn zwei Aspekte in der Didaktisierung berücksichtigt werden:

1. Die thematische Auswahl der Texte oder der eingesetzten Inhalte sollten im Interessengebiet der Jungen (und Mädchen) liegen;
2. Desweiteren stellen die methodisch-didaktischen Zugänge ein weiteres wichtiges Kriterium dar, um Jungen (und Mädchen) dahingehend zu motivieren, dass eine innere Beteiligung bspw. an fiktiven Texten stattfinden kann (vgl. Plath 2010, 37).

Neue Medien können trotz des zurzeit bestehenden geschlechtsspezifischen Angebot- und Konsummarktes positiv für eine Geschlechtergerechtigkeit genutzt werden: Vor allem junge Menschen gebrauchen die neuen Medien – wenn auch unterschiedlich. Der rasante Fortschritt und die schnelle Weiterentwicklung des Mediums eröffnet hier die Chance, Geschlechterzuschreibungen zukünftig durchlässiger zu gestalten. Die Vermittlung einer gendersensitiven Medienkompetenz in Hinblick auf eine Geschlechterdemokratie sollte folgende Grundsätze beachten:

1. Die Bewusstmachung soziologisch bedingter Fähigkeitszuschreibungen: Rollenklischees und Stereotypen können nur dann vermieden werden, wenn die kulturelle Konstruktion vom Geschlecht reflektiert und hinterfragt wird. Es gibt keine natürlichen Verhaltenszuschreibungen, diese sind immer sozial geformt und damit auch veränderbar;
2. Die Fort- und Weiterbildung von Lehrkräften (und anderen außerschulischen Pädagoginnen und Pädagogen): Lehrerinnen und Lehrer müssen für Geschlechterdifferenzen und den richtigen Umgang mit ihnen sensibilisiert werden;
3. Ein kontinuierliches Angebot im Umgang mit Medien: Schulisch wie auch außerschulisch sollten Kurse zur Ausbildung von Medienkompetenz für Kinder,

Jugendliche und Lehrkräfte beständig und fortdauernd angeboten werden (vgl. von Gehlen/ Tinsel 2006, 299f.).

6.2 Ergebnissicherung und Schlussfolgerung

Jungen lernen schon früh, eine geschlechterspezifische und an Erwartungen geknüpfte Identität aufzubauen, die maßgeblichen Einfluss auf die Eigenschafts- und Verhaltenscharakteristika nimmt. Bereits vor dem Grundschulalter ist es Jungen wichtig, ihr Geschlecht von dem Gegenüber abzugrenzen und hinsichtlich eines gesellschaftskonformen Identitätsprozesses von außen bestätigen zu lassen. Daher ist es besonders im frühen Alter essentiell, Jungen alternativ zu den traditionellen Geschlechterverhältnissen differenziertere Identifikationsrollen bereitzustellen, die Jungen in ihrer Persönlichkeitsentwicklung positiv prägen und geschlechtsspezifische Fähigkeits- und Eigenschaftszuschreibungen vermeiden.

Problematisch ist im diesem Kontext die immer noch vorherrschende starre und tradierte Geschlechterauftelung innerhalb der Erwerbsarbeit, die häufig eine Familienkonstellation konstruiert, in der die für den Prozess der Lesesozialisation von Jungen wichtigen gleichgeschlechtlichen Vorbilder (Vater, Onkel, Großvater etc.) entfallen. Bis heute sind die ersten Erfahrungen im Umgang mit Literatur und damit der primäre Einfluss des Leseprozesses vornehmlich durch die Mutter geprägt. Folglich besteht die Gefahr, dass Jungen das Lesen bereits in einer frühen Lebensphase negativ konnotieren - nicht nur hinsichtlich ihrer Bestrebungen, sich gegenüber dem anderen Geschlecht abzugrenzen, sondern auch hinsichtlich der zu starken Verknüpfung von Weiblichkeit und Literatur. Die Herausbildung von Lesemotivation sowie das Selbstvertrauen in einen erfolgreichen Lernprozess sind damit maßgeblich von der primären Sozialisationsinstanz Familie abhängig. In der gendergerechten Förderung von Lesemotivation in der Grundschule müssen daher die ersten Erfahrungen zum eigenen Geschlecht sowie zur Literatur Berücksichtigung finden und ggf. von der sekundären Sozialisationsinstanz Schule ausgeglichen werden. Demnach sollte ebenfalls die Elternarbeit in Hinblick auf alternative Geschlechtervorbilder und die Einstellung zum Lesen zu Hause (also auch die Quantität im (Vor-)Lesen und die Vielseitigkeit des Lesestoffes) verstärkt in den Fokus einer adäquaten Förderung von Lesemotivation bei Jungen rücken, um so noch gezielter auf den Kompetenzsteigerungsprozess Einfluss nehmen zu können.

Die Ergebnisse von PISA und IGLU verdeutlichen die Notwendigkeit eines gendergerechten Einsatzes von Literatur in der Schule. Die Beachtung geschlechtsspezifischer Lektürepräferenzen trägt dazu bei, dass Literatur in ihrer Verwendung im Unterricht als interessant und spannend wahrgenommen wird, um Lesemotivation anzuregen und ferner potenziell zu steigern. Der heutige Schulalltag der Grundschüler zeigt jedoch, dass weder die Lesepräferenzen der Mädchen noch (weniger) die der Jungen Berücksichtigung finden. Aufgabe des Deutschunterrichts ist es folglich, nicht nur die bevorzugten Genres beider Geschlechter stärker zu fokussieren und realistische Literatur trotz ihrer Zielintention zurückzustellen, sondern auch die Jungen mit ihren innerspezifischen Interessen stärker als neue Zielgruppe wahrzunehmen. Dabei sollten Jungen Emotionalität nicht als Zwangsprämisse erfahren, vielmehr gilt es, durch akzentuierte Abenteuerliteratur männliche Vorbildcharaktere aufzuzeigen, die eine Alternative zu den tradierten Rollenklischees bilden und Jungen in ihrer Persönlichkeitsentwicklung deutlich heterogenere Wahlmöglichkeiten eröffnen. Erst nach dieser Motivationssteigerung können Jungen in die emotionalen Aspekte der Geschichte oder in die Gefühlswelt der Protagonisten eingeführt werden.

Überträgt man nun die wichtige familiäre Begleitung des Leseprozesses und die Berücksichtigung geschlechtstypischer Lesepräferenzen auf den Einsatz neuer Medien im Grundschulunterricht, zeigt sich, dass Jungen sich sehr stark für das Medium Computer/ Internet interessieren. Der Einzug der neuen Medien als methodisches Mittel sowie die Berücksichtigung der Leseinteressen im didaktischen Diskurs erlauben so die Schlussfolgerung, dass die Interessenslage der Jungen hinsichtlich dieser beiden Komponenten zu einer Steigerung der Lesemotivation führt.

Die Anforderungen an die Gestaltung des Unterrichts in der Grundschule steigen in Anbetracht der Medialisierung unserer Gesellschaft konstant. Wie die Ausführungen in dieser Arbeit gezeigt haben, sind die neuen Medien Computer und Internet bereits fester Bestandteil der Lebenswelt vieler SuS. Bewahrpädagogische Annahmen sind deshalb keineswegs zeitgemäß und basieren maßgeblich auf technikskeptischen Haltungen von Lehrerinnen und Lehrern. Nur wenn es gelingt, eine gezielte Weiterbildung von Computerkenntnissen sowie ein Abbau von tradierten Unterrichtsmethoden schnellstmöglich einzuleiten, können neue Medien gewinnbringend für die Förderung von Jungen eingesetzt werden. Zahlreiche Studien (z.B. KIM- oder JIM-Studie des Mpfs) vermerken immer wieder, dass die Grundvoraussetzungen vorhanden sind: Nahezu jeder SuS verfügt über mediale Vorerfahrungen und eine erhebliche Medienaffinität. Zudem ist eine zunehmende Verbreitung von technischen Gerätschaften in Grundschulen feststellbar. Auch wenn heute noch nicht für alle SuS ein eigener schulischer Computer bereitsteht, so ließen sich doch computerunterstützte Lern-/ Lehrprogramme als fester Bestandteil eines ‚Wochenplans' integrieren. In einem ganzheitlichen Unterricht lernen die Kinder hier, differenziert und selbstständig, alleine oder in kleinen Gruppen individuelle Aufgaben für verschiedene Schülergruppen zu erfüllen. Hier könnte dann jeweils ein Kind bzw.

eine kleine Gruppe am ‚Klassencomputer' produktiv tätig werden. Zwar müssen sich noch immer 12 Grundschülerinnen und Grundschüler einen Computer teilen, jedoch stehen in vielen Schulen häufig Medienräume zur Verfügung, die von der ganzen Schule genutzt werden können. Eine zeitliche Organisation mit anderen Klassenstufen erlaubt es dann, computer- (und internet-)basierte Unterrichtsreihen für *alle* SuS einer Klasse anzubieten und die Jungen ggf. mit differenzierten Programmen oder Leseinhalten arbeiten zu lassen.

Die Ergebnisse aus den in dieser Arbeit skizzierten Forschungsfeldern zur Geschlechterthematik zeigen, dass vor allem Jungen eine hohe Affinität gegenüber neuen Medien aufweisen. Dabei kann auch der häufig pauschal zugeschriebene Expertenstatus gewinnbringend bzw. motivationssteigernd zur Erweiterung der Lesekompetenz eingesetzt werden, ohne dabei geschlechtsspezifische Stereotypen weiter zu verstärken. Die Rechtfertigung des Einsatzes neuer Medien muss sich aus der Verbesserung von Lernergebnissen generieren. Letztere erfordern zwingend eine dauerhafte Etablierung in den Unterricht und eine unmittelbare Distanzierung von kurzfristigen Projektphasen oder gar einzelnen Schulungseinheiten. Die Anforderungen an einen gendergerechten Medieneinsatz zur Förderung der Lesemotivation von Jungen sollten folgende didaktische Leitprinzipien berücksichtigen, die sich im Laufe dieses Buches als signifikant herausgestellt haben und die sowohl genderdidaktische als auch mediendidaktische Dimensionen miteinander verknüpfen:

- Interessenorientierung: Jungen interessieren sich sehr stark für das Medium Computer/ Internet – der Einzug der neuen Medien als methodisches Mittel – sowie die Berücksichtigung der Leseinteressen im didaktischen Diskurs erlauben die Schlussfolgerung, dass die Interessenslage der Jungen hinsichtlich dieser beiden Komponenten zu einer Steigerung der Lesemotivation führen würde. Die richtige inhaltliche Auswahl von Literatur und Computerprogrammen sollte daher zwingend an genderspezifische Genrepräferenzen anknüpfen. Leider zeigt sich hier anhand der vorgenommenen Beispielanalyse, dass gerade Jungen als Zielgruppe noch nicht genügend fokussiert wurden. Spezifische Lernprogramme sind noch nicht ausreichend vorhanden bzw. gegenwärtig müssen unter Aspekten der Nachhaltigkeit, der Funktionalität und des Lerninhalts selektiert werden.
- Präsentation und Aufbereitung: Die Stärke der neuen Medien, nämlich die anschauliche Präsentation und Aufbereitung auch komplexer Inhalte durch multimediale und funktionale Steuerungselemente, ist ein entscheidender Vorteil in der Verwendung computerbasierter Lernprogramme. Hypertexte

(eingebettet in eine Hypermedialität) oder ‚interactive books' müssen zwar auf ihre Anforderungen an den Rezipienten überprüft werden, bieten jedoch in vielen Fällen interaktive, produktive und synästhetische Ausgestaltungen, die der Freizeitgestaltung und der Technikorientierung von Jungen entsprechen.

- Didaktisch- methodische Aufbereitung: Ziel der Integration neuer Medien in den Deutschunterricht muss es sein, neue Leseanlässe bereitzustellen sowie motivierende Leseanreize zu setzen. Dazu ist es didaktisch und methodisch unerlässlich, im Planungsprozess für den Unterricht solche Materialien auszuwählen, die weder über- noch unterfordern. Zudem sollte die Auswahl der Inhalte polydimensionale und multiperspektivische Gestaltungsmöglichkeiten und Spielräume für Kreativität bereitstellen. Aktualität und der Bezug zur unmittelbaren Umwelt sind dabei ebenso bedeutend wie die literarische Qualität.

- Identifikationsmöglichkeiten für Jungen: Die genrespezifische Orientierung von Jungen erleichtert zum einen die Wahl von positiven Helden- und Identifikationsfiguren als auch die Kombination von Strategie und Spiel mit den Elementen Abenteuer und Spannung. Jedoch sollten Charaktere im Spiel möglichst neutral und ohne übermäßige belehrende, moralische und emotionale Attitüden versehen sein. Ziel ist der aktive, nachhaltige und reflexive Konsum zur Steigerung der Lesemotivation. Keinesfalls eine Verstärkung von immanenten Rollenerfahrungen bzw. –erwartungen.

- Anknüpfung an das Internet: Um Lesemotivation weiter zu steigern, bietet sich die Verwendung des Internets an. Hier bereitgestellte Ressourcen und Möglichkeiten sind nicht nur nahezu unermesslich, sondern auch an keine zeitlichen Grenzen der Verfügbarkeit verknüpft. Recherchearbeiten, Suchlinks zu Sachbüchern oder Informationsquellen sowie vertiefende Informationen sind jederzeit abrufbar. Während der fachlich begleitete Suchprozess eher motivierend und begeisternd auf die SuS wirkt und zugleich neue individuelle Gestaltungsmöglichkeiten eröffnet, kann der Auswahlprozess von Quellen oder Material einen kritischen Umgang mit Informationen (Medienkompetenz: Medienkritik) vermitteln. Medienkritik und Medienkompetenz müssen in jedem Fall als feste Größen in ein nachhaltiges Unterrichtskonzept integriert werden und sind im Umgang mit dem Internet essentiell.

- Gezielte Medienkompetenzförderung: Zur Gestaltung eines gelungenen Unterrichts mit neuen Medien sollten Verfahrungsweise, inhaltliche Ausrichtung und Lernziele transparent festgehalten werden (z.B. Lerntagebuch). Nur so lassen sich die thematischen Zielvorstellungen für die SuS jederzeit nachvollziehen. Zudem ist es durchaus relevant, potenzielle Vorerfahrungen von Jungen nicht zu unterschätzen, um Unter- bzw. Überforderungen in Bezug auf das neue Medium zu vermeiden. Für Mädchen sind gegebenenfalls differenzierende, inhaltliche Schwerpunkte zu setzen.

Der Umgang mit neuen Medien in der Grundschule bereitet SuS nicht nur im außerschulischen Bereich auf eine verantwortungsvolle Nutzung des Computers vor, sondern die Kinder lernen früh, eine der grundlegendsten Kompetenzen für eine Vielzahl späterer Berufe kennen. Darüber hinaus ist der Einsatz neuer Medien als Methode im Unterricht als eine ergiebige Ressource anzusehen, die Motivation und Leseinteresse gleichermaßen vorantreiben kann. Die Bedeutung der neuen Medien wird weiterhin ansteigen. Die Integration in den Unterricht der Grundschule ist letztlich eine logische Konsequenz und sollte durch die Förderung von Medienkompetenzen Mädchen und Jungen gleichermaßen für den verantwortungsvollen und nachhaltigen Umgang mit neuen Medien qualifizieren. Damit ließen sich gleichzeitig auch geschlechtstypisierende Rollenerwartungen und stereotypisierende Verhaltensklischees reflektiert überdenken sowie alternative Handlungskonzepte aufzeigen.

Wesentlicher Hemmfaktor in der Alltagsrealität ist weniger die technische Ausstattung der Schulen, als vielmehr das mangelnde Interesse der Lehrkräfte selbst. Hier zeigt sich, dass nur interessierte Lehrpersonen bereit sind, die neuen Medienformen adäquat im Lehrprozess einzusetzen; Lehrer und vor allem Lehrerinnen mit einer bewahrpädagogischen und tradierten Grundeinstellung vermeiden den Umgang mit neuen Medien noch viel zu häufig. Insbesondere für die Leseförderung von Jungen muss heute daher konstatiert werden, dass es zu wenige anschauliche didaktische Konzepte gibt. Dies ist zum einen auf die zu unspezifische Konkretisierung im Lehrplan und zum anderen auf die geringe Aufmerksamkeit bezüglich einer Geschlechterdifferenzierung zurückzuführen.

7. Literaturverzeichnis

Primärliteratur

Ministerium für Schule und Weiterbildung des Landes Nordrhein-Westfalen (Hrsg.) (2008): Richtlinien und Lehrpläne für die Grundschule in Nordrhein-Westfalen. Frechen

Ministerium für Schule und Weiterbildung des Landes Nordrhein-Westfalen (Hrsg.) (2005): Schulgesetz für das Land Nordrhein-Westfalen. Frechen

Sekundärliteratur

Achtenhagen, Frank (2003): Lerntheorien und Medieneinsatz: Bedingungen und Möglichkeiten einer Steigerung des Lernerfolges. In Keil-Slawik, Reinhard; Kerres, Michael (Hrsg.): Wirkungen und Wirksamkeit Neuer Medien in der Bildung. Münster. S.85-113

Arbeitsgemeinschaft Online-Forschung e.V. [AGOF] (2010): Berichtsband zur internet facts 2009-IV -Dokument, in: http://www.agof.de/index.583.html (06.06.2011)

Artelt, Cordula; Brunner, Martin; Schneider, Wolfgang; Prenzel, Manfred; Neubrandt, Michael (2000): Literacy oder Lernplanvalidität? – Ländervergleiche auf der Basis lehrplanoptimierter PISA-Tests. In Deutsches PISA Konsortium (Hrsg.): PISA 2000 – Ein differenzierter Blick auf die Länder der Bundesrepublik Deutschland. Opladen. S.77-108.

Autorengruppe Bildungsberichterstattung (Hrsg.) (2010): Bildung in Deutschland 2010 – Ein indikatorengestützter Bericht mit einer Analyse zu Perspektiven des Bildungswesens im demografischen Wandel. Bielefeld, in: http://www.bildungsbericht.de/daten2010/bb_2010.pdf (14.07.2011)

Barsch, Achim (2006): Mediendidaktik Deutsch. Paderborn

Barz, Heiner; Baum, Dajana; Cerci, Meral; Göddertz, Nina; Raidt, Tabea (2010): Kulturelle Bildungsarmut und Wertewandel. In Quenzel, Gudrun; Hurrelmann, Klaus (Hrsg.): Bildungsverlierer – Neue Ungleichheiten. Wiesbaden. S.95-122

Bertschi-Kaufmann, Andrea (2000): Eine andere Art, die Schrift zu gebrauchen. In Bildung Schweiz – Zeitschrift des LCH, 145. Jg., Heft 8. S.11-13, in: http://www.lch.ch/dms-static/e50d5e41-5af6-4d4d-b156-490426137ec0/8_2000.pdf (14.07.2011)

Bertschi-Kaufmann, Andrea; Kassis, Wassilis; Schneider, Hansjakob (2004): Literale und mediale Sozialisation – Übereinstimmung und Abweichung. In Hurrelmann, Bettina (Hrsg.): Mediennutzung und Schriftlernen – Analysen und Ergebnisse zur literalen und medialen Sozialisation. Weinheim. S.23-40

Bertschi-Kaufmann, Andrea; Schneider, Hansjakob (2004): Neue Medien. In Hurrelmann, Bettina (Hrsg.): Mediennutzung und Schriftlernen – Analysen und Ergebnisse zur literalen und medialen Sozialisation. Weinheim. S.11-22

Bertschi-Kaufmann; Andrea; Tresch, Christine (2003): „Cool, heute gingen wir wieder an den Computer!" – Interactive Books und ihre Effekte auf das Geschichtenverstehen und das Schreiben. In Hurrelmann, Bettina; Becker, Susanne (Hrsg.): Kindermedien nutzen – Medienkompetenz als Herausforderung für Erziehung und Unterricht. Weinheim. München. S.74-86

Bischof, Ulrike; Heidtmann, Horst (2002): Lesen Jungen ander(e)s als Mädchen? Untersuchungen zu Leseinteressen und Lektüregratifikationen. In medien praktisch, Heft 3. S.1-11, in: http://www.hdm-stuttgart.de/ifak/publikationen/ifak/pdfs/Jungen_lesen_anders.pdf (11.07.2011)

Bos, Wilfried; Hornberg, Sabine; Arnold, Karl-Heinz; Faust, Gebriele; Fried, Lilian; Lankes, Eva-Maria; Schwippert, Knut; Valtin, Renate (Hrsg.) (2008): IGLU-E 2006 – Die Länder der Bundesrepublik Deutschland im nationalen und internationalen Vergleich. Münster

Bos, Wilfried; Hornberg, Sabine; Arnold, Karl-Heinz; Faust, Gebriele; Fried, Lilian; Lankes, Eva-Maria; Schwippert, Knut; Valtin, Renate (Hrsg.) (2007): IGLU 2006 – Lesekompetenzen von Grundschulkindern in Deutschland im internationalen Vergleich. Münster

Bos, Wilfried; Lankes, Eva-Maria; Prenzel, Manfred; Schwippert, Knut; Valtin, Renate; Walther, Gerd (Hrsg.) (2003): Erste Ergebnisse aus IGLU. Schülerleistungen am Ende der vierten Jahrgangsstufe im internationalen Vergleich. Münster

Bucher, Priska (2005): Leseverhalten und Leseförderung: Zur Rolle von Schule, Familie und Bibliothek im Medienalltag Heranwachsender. Zürich. 2. Auflage

Budde, Jürgen (2009): Perspektiven für Jungenforschung an Schulen. In Budde, Jürgen; Mammes, Ingelore (Hrsg.): Jungenforschung empirisch – Zwischen Schule, männlichem Habitus und Peerkultur. Wiesbaden. S.73-90

Budde, Jürgen; Venth, Angela (2010): Genderkompetenz für lebenslanges Lernen – Bildungsprozesse geschlechterorientiert gestalten. Bielefeld

Bundesministerium für Bildung und Forschung [BMBF] (2006):IT-Ausstattung der allgemein bildenden und berufsbildenden Schulen in Deutschland – Bestandsaufnahme 2006 und Entwicklung 2001 bis 2006. Bonn. Berlin, in: http://www.barkeplus.de/html/arbeiten/it-ausstattung_der_schulen_2006.pdf (14.07.2011)

Butler, Judith (1997): Körper von Gewicht. Die diskursiven Grenzen des Geschlechts. Berlin. 6. Auflage

Cornelißen, Waltraud; Stürzer, Monika; Roisch, Henrike, Hunze, Annette (2003): Dreißig Jahre Forschung zu Geschlechterverhältnissen in der Schule – Versuch einer Bilanz. In Stürzer, Monika; Roisch, Henrike; Hunze, Annette (Hrsg.): Geschlechterverhältnisse in der Schule – Ergebnisse der Forschung. Wiesbaden. S.217-244

Deutsche Shell (Hrsg.) (2002): Jugend 2002 – 14. Shell Studie. Frankfurt am Main

Diefenbach, Heike (2010): Jungen – die „neuen" Bildungsverlierer. In Quenzel, Gudrun; Hurrelmann, Klaus (Hrsg.): Bildungsverlierer – Neue Ungleichheiten. Wiesbaden. S.245-272

Eckinger, Ludwig (2002): Wer nicht lesen kann, wird auf die Plätze verwiesen. Lesen als Basiskompetenz. In Verband Bildung und Erziehung (Hrsg.): PISA - Menetekel oder heilsamer Schock? Kinder und Jugendliche in Deutschland brauchen Lesekompetenz. Deutscher Lehrertag 2002 in Weimar. Berlin. S.29-36

Elias, Sabine (2009): Väter lesen vor – Soziokulturelle und bindungstheoretische Aspekte der frühen familialen Lesesozialisation. München

Faulstich-Wieland, Hannelore; Weber, Martina; Willems, Katharina (2009): Doing Gender im heutigen Schulalltag - Empirische Studien zur sozialen Konstruktion von Geschlecht in schulischen Interaktionen. Weinheim. 2. Auflage

Feldmann, Klaus (2006): Soziologie kompakt – Eine Einführung. Wiesbaden. 4. Auflage

Filk, Christian (2003): „Neues" Lehren und Lernen mittels Kooperation und Computerunterstützung – Ein einführender Überblick. In Gölitzer, Susanne (Hrsg.): Deutschdidaktik und Neue Medien – Konstitutionsprobleme im Spannungsfeld zwischen Altlasten und Neugierde. Baltmannsweiler. S.68-102

Floto, Christian (2003): Neue Medien und Content: Chancen und Herausforderungen einer potenziellen Sollbruchstelle. In Keil-Slawik, Reinhard; Kerres, Michael (Hrsg.): Wirkungen und Wirksamkeit Neuer Medien in der Bildung. Münster. S.173-184

Focks, Petra (2003): Warum brauchen wir eine geschlechtsbewusste Pädagogik im Elementarbereich? In Paritätischer Wohlfahrtsverband (Hrsg.): Ein Blick über die Grenzen: Vorurteils- und genderbewusste Bildung als Basis für Chancengleichheit und Integration. Dokumentation der Fachtagung 6. - 8. November 2002 Haus der Parität in Frankfurt am Main. Frankfurt am Main. S. 12-19

Frederking, Volker; Krommer, Axel; Maiwald, Klaus (2008): Mediendidaktik Deutsch – Eine Einführung. Berlin

Garbe, Christine (2007): Lesen – Sozialisation – Geschlecht. Geschlechterdifferenzierte Leseforschung und –förderung. In Bertschi-Kaufmann,

Andrea (Hrsg.): Lesekompetenz - Leseleistung – Leseförderung: Grundlagen, Modelle und Materialien. Seelze. S.66-82

Garbe, Christine; Holle, Karl; Jesch, Tanja (2009): Texte lesen – Textverstehen, Lesedidaktik, Lesesozialisation. Paderborn

Gaschke, Susanne (2002): Lies! Mir! Vor!. In ZEITdokument: Schock für die Schule – Die PISA-Studie und ihre Folgen, Heft 3. S.22

GEcel – Civic Education And Learning For Gender Mainstreaming (Hrsg.) (2005): Beispiele guter Trainings-Praxis – Höhepunkte und Hindernisse. Ein Handbuch aus dem Projekt GEcel – Politische Bildung und Lernen für Gender Mainstreaming. Bonn, in: http://www.bpb.de/files/5484S7.pdf (14.07.2011)

GEW -Gewerkschaft Erziehung und Wissenschaft (Hrsg.) (2011): Benachteiligte Jungen vs. Übermächtige Frauen? Zur Debatte über geschlechtsbezogene Benachteiligungen, in: http://www.gew-nrw.de/uploads/tx_files/BK_F_2.05_Jenter.pdf (10.07.2011)

Gölitzer, Susanne (2003a): Wohin? Woher? Zielperspektiven und Herkünfte einer Deutschdidaktik. In Gölitzer, Susanne (Hrsg.): Deutschdidaktik und Neue Medien – Konstitutionsprobleme im Spannungsfeld zwischen Altlasten und Neugierde. Baltmannsweiler. S.8-23

Gölitzer, Susanne (2003b): Wie kann man Hyperfiction lesen? In Gölitzer, Susanne (Hrsg.): Deutschdidaktik und Neue Medien – Konstitutionsprobleme im Spannungsfeld zwischen Altlasten und Neugierde. Baltmannsweiler. S.103-139

Gölitzer, Susanne (2003c): Fachdidaktische Aufgabenfelder. In Gölitzer, Susanne (Hrsg.): Deutschdidaktik und Neue Medien – Konstitutionsprobleme im Spannungsfeld zwischen Altlasten und Neugierde. Baltmannsweiler. S.178-184

Gölitzer, Susanne (2010): Lesesozialisation. In Lange, Günter; Weinhold, Swantje (Hrsg.): Grundlagen der Deutschdidaktik. Sprachdidaktik – Mediendidaktik – Literaturdidaktik. Baltmannsweiler. S.202-225. 4. Auflage

Groeben, Norbert (2002): Anforderungen an die theoretische Konzeptualisierung von Medienkompetenz. In Groeben, Norbert; Hurrelmann, Bettina (Hrsg.): Medienkompetenz – Voraussetzungen, Dimensionen, Funkionen. Weinheim. München. S.11-22

Groeben, Norbert (2006): Zur konzeptuellen Struktur des Konstrukts „Lesekompetenz". In Groeben, Norbert; Hurrelmann, Bettina (Hrsg.): Lesekompetenz – Bedingungen, Dimensionen, Funktionen. Weinheim. München. S.11-21. 2. Auflage

Grünwald, Sebastian (2007): Methoden interaktiven Storytellings. Winhöring

Heibach, Christiane (2003): Texttransformation: Tendenzen digitaler und vernetzter Literatur. In Gölitzer, Susanne (Hrsg.): Deutschdidaktik und Neue Medien – Konstitutionsprobleme im Spannungsfeld zwischen Altlasten und Neugierde. Baltmannsweiler. S.54-66

Heidtmann, Horst (2000): Kinder- und Jugendliteratur im Medienverbund. Veränderungen von Lesekultur, Lesesozialisation und Leseverhalten in der Mediengesellschaft. In Richter, Karin; Riemann, Sabine (Hrsg.): Kinder – Literatur – „neue" Medien. Hohengehren. S.20-35

Helbig, Marcel (2010): Geschlecht der Lehrer und Kompetenzentwicklung der Schüler. In Quenzel, Gudrun; Hurrelmann, Klaus (Hrsg.): Bildungsverlierer – Neue Ungleichheiten. Wiesbaden. S.273-288

Hollenbach, Nicole; Tilmann, Klaus-Jürgen (2003): Der Medienalltag von Jugendlichen: ein Überblick unter geschlechtsspezifischer Perspektive. In Vollstädt, Witlof (Hrsg.): Zur Zukunft der Lehr- und Lernmedien in der Schule – Eine Delphi-Studie in der Diskussion. Opladen. S.116-132

Hoppe, Heidrun; Josting, Petra (2006): Schule im Kontext geschlechtsspezifischer Mediensozialisation. In Josting, Petra; Hoppe, Heidrun (Hrsg.): Mädchen, Jungen und ihre Medienkompetenzen – Aktuelle Diskurse und Praxisbeispiele für den (Deutsch-)Unterricht. München. S. 7-24

Hurrelmann, Bettina (2003): Kindermedien als Chance zum Erwerb von Medienkompetenz. In Hurrelmann, Bettina; Becker, Susanne (Hrsg.): Kindermedien nutzen – Medienkompetenz als Herausforderung für Erziehung und Unterricht. Weinheim. München. S.11-26

Hurrelmann, Bettina (2004): Sozialisation der Lesekompetenz. In Schiefele, Ulrich; Artelt, Cordula, Schneider, Wolfgang; Stanat, Petra (Hrsg.): Struktur, Entwicklung und Förderung von Lesekompetenz – Vertiefende Analysen im Rahmen von PISA 2000. Wiesbaden. S.37-60

Hornberg, Sabine; Faust, Gabriele; Holtappels, Heinz Günther; Lankes, Eva-Maria; Schulz-Zander, Renate (2007): Lehr- und Lernbedingungen in den Teilnehmerstaaten. In Bos, Wilfried; Hornberg, Sabine; Arnold, Karl-Heinz; Faust, Gabriele; Fried, Lilian; Lankes, Eva-Maria; Schwippert, Knut; Valtin, Renate (Hrsg.): IGLU 2006 – Lesekompetenzen von Grundschulkindern in Deutschland im internationalen Vergleich. Münster. S.47-79

Jansen-Schulz, Bettina; Kastel, Conni (2004): „Jungen arbeiten am Computer, Mädchen können Seil springen…" – Computerkompetenzen von Mädchen und Jungen – Forschung, Praxis und Perspektiven für die Grundschule. München

Jantz, Olaf; Brandes, Susanne (2006): Geschlechtsbezogene Pädagogik an Grundschulen - Basiswissen und Modelle zur Förderung sozialer Kompetenzen bei Jungen und Mädchen. Wiesbaden

Kahlert, Heike (2006): Geschlechtergerechtigkeit als bildungspolitisches Konzept – Wie Bildungsinstitutionen einen Leitsatz der Moderne realisieren (können). In Treibel, Annette; Maier, Maja S.; Kommer, Sven; Welzel, Manuela (Hrsg.): Gender medienkompetent – Medienbildung in einer heterogenen Gesellschaft. Wiesbaden. S.27-51

Kahlert, Heike (2010): Bildungs- und Erziehungssoziologie. In Kneer, Georg; Schroer, Markus (Hrsg.): Handbuch spezielle Soziologien. Wiesbaden. S.67-84

Kaiser, Astrid (2005): Soziale Jungenförderung als Weg zur Gleichberechtigung? In Kaiser, Astrid (Hrsg.): Koedukation und Jungen. Soziale Jungenförderung in der Schule. Weinheim. S. 152- 172. 2. Auflage

Kepser, Matthis (2010): Computer im Literaturunterricht. In Frederking, Volker; Huneke, Hans W.; Krommer, Axel; Meier, Christel (Hrsg.): Taschenbuch des Deutschunterrichts – Band 2 – Literatur- und Mediendidaktik. Hohengehren. S.546-564

Kerres, Michael (2003): Wirkungen und Wirksamkeit neuer Medien in der Bildung. In Keil-Slawik, Reinhard; Kerres, Michael (Hrsg.): Wirkungen und Wirksamkeit Neuer Medien in der Bildung. Münster. S.31-44

Kirsch, Irwin; de Jong, John; Lafontaine, Dominique; McQueen, Joy; Mendelovits, Juliette; Monseur, Christian (2002): Lesen kann die Welt verändern – Leistung und Engagement im Ländervergleich. Ergebnisse von PISA 2000. Paris

Kliewer, Annette (2004a): Jungenbücher – nur für Mädchen? – Jungen als Helden und Leser der aktuellen Adoleszenzliteratur. In Kliewer, Anette; Schilcher, Anita (Hrsg.): Neue Leser braucht das Land! Zum geschlechterdifferenzierenden Unterricht mit Kinder- und Jugendliteratur. Baltmannsweiler. S. 23-34

Kliewer, Annette (2004b): Von der feministischen zur geschlechterdifferenzierten Literaturdidaktik. In Kliewer, Anette; Schilcher, Anita (Hrsg.): Neue Leser braucht das Land! Zum geschlechterdifferenzierenden Unterricht mit Kinder- und Jugendliteratur. Baltmannsweiler. S. 84-97

Kommission der Europäischen Gemeinschaften (2003): eEurope2002 Benchmarking. Europas Jugend ins Digitalzeitalter. Brüssel

Krommer, Sven (2006): Zum medialen Habitus von Lehramtsstudierenden. Oder: Warum der Medieneinsatz in der Schule eine so ‚schwere Geburt' ist. In Treibel, Annette; Maier, Maja S.; Kommer, Sven; Welzel, Manuela (Hrsg.): Gender medienkompetent – Medienbildung in einer heterogenen Gesellschaft. Wiesbaden. S.165-178

Kuropka, Petra (2006): Die Hierarchie gesellschaftlicher Existenzen. Beobachtungen und Fragestellungen aus der medienpädagogischen Praxis mit Jugendlichen unterschiedlicher Herkunft. In Treibel, Annette; Maier, Maja S.; Kommer, Sven; Welzel,

Manuela (Hrsg.): Gender medienkompetent – Medienbildung in einer heterogenen Gesellschaft. Wiesbaden. S.279-296

Lange, Günther (2005): Zur Didaktik der Kinder- und Jugendliteratur. In Lange, Günther (Hrsg.): Taschenbuch der Kinder- und Jugendliteratur. Hohengehren. S.942-967. 4. Auflage

Luca, Renate; Aufenanger, Stefan; Grell, Petra (2007): Geschlechtersensible Medienkompetenzförderung - Mediennutzung und Medienkompetenz von Mädchen und Jungen sowie medienpädagogische Handlungsmöglichkeiten. Berlin

Medienpädagogischer Forschungsverbund Südwest (Mpfs) (Hrsg.) (2003): Lehrer/-innen und Medien 2003. Nutzung, Einstellungen, Perspektiven. Baden-Baden

Medienpädagogischer Forschungsverbund Südwest (Mpfs) (Hrsg.) (2010): JIM-Studie 2010. Jugend, Information, (Multi-)Media. Basisuntersuchungen zum Medienumgang 12- bis 19-Jähriger in Deutschland. Stuttgart

Medienpädagogischer Forschungsverbund Südwest (Mpfs) (Hrsg.) (2011): KIM-Studie 2010. Kinder + Medien + Computer + Internet. Basisuntersuchungen zum Medienumgang 6- bis 13-Jähriger in Deutschland. Stuttgart

Meurer, Moritz (2006): „Es ist noch zu früh." – Habituskonstruktionen von Grundschullehrerinnen im Umgang mit Neuen Medien. In Treibel, Annette; Maier, Maja S.; Kommer, Sven; Welzel, Manuela (Hrsg.): Gender medienkompetent – Medienbildung in einer heterogenen Gesellschaft. Wiesbaden. S.193-206

Meyer, Martin (1999): Computereinsatz in der Bildung – Diskussionsstand der Enquete-Komission Multimedia. In Huber, Ludowika; Kegel, Gerd; Speck-Hamdan, Angelika (Hrsg.): Schriftspracherwerb: Neue Medien – Neues Lernen!?. Braunschweig

Mikos, Lothar; Wiedemann, Dieter (2000): Aufwachsen in der „Mediengesellschaft" und die Notwendigkeit der Förderung von Medienkompetenz. In Richter, Karin; Riemann, Sabine (Hrsg.): Kinder – Literatur – „neue" Medien. Hohengehren. S.8-19

Moser, Heinz (2006): Medien und die Konstruktion von Identität und Differenz. In Treibel, Annette; Maier, Maja S.; Kommer, Sven; Welzel, Manuela (Hrsg.): Gender medienkompetent – Medienbildung in einer heterogenen Gesellschaft. Wiesbaden. S.53-74

OECD (Hrsg.) (2010): PISA 2009 Ergebnisse: Was Schülerinnen und Schüler wissen und können – Schülerleistungen in Lesekompetenz, Mathematik und Naturwissenschaften (Band 1). Bielefeld

Philipp, Maik (2011): Lesesozialisation in Kindheit und Jugend – Lesemotivation, Leseverhalten und Lesekompetenz in Familie, Schule und Peer-Beziehungen. Stuttgart

Plath, Monika (2010): Lesen Jungen anders als Mädchen? . In Schulz, Gudrun (Hrsg.): Lesen lernen in der Grundschule - Lesekompetenz und Leseverstehen - Förderung und Bücherwelten. Berlin. S.37-47

Prenzel, Manfred; Carstensen, Claus H.; Frey, Andreas, Drechsel, Barbara; Rönnebeck, Silke (2007): PISA 2006 – Eine Einführung in die Studie. In PISA-Konsortium Deutschland (Hrsg.): PISA' 06 – Die Ergebnisse der dritten internationalen Vergleichsstudie. Münster. S.31-60

Prenzel, Manfred (2007): PISA 2006: Wichtige Ergebnisse im Überblick. In PISA-Konsortium Deutschland (Hrsg.): PISA' 06 – Die Ergebnisse der dritten internationalen Vergleichsstudie. Münster. S.13-30

Reitinger, Johannes (2007): Unterricht – Internet – Kompetenz. Empirische Analyse funktionaler und didaktischer Kompetenzen zukünftiger PädagogInnen auf der Basis eines konkretisierten Handlungskompetenzmodells. Aachen

Richter, Karin; Riemann Sabine (2000): Lesen und Fernsehen im Interessenspektrum jüngerer Schulkinder. Ergebnisse einer empirischen Erhebung. In Richter, Karin; Riemann, Sabine (Hrsg.): Kinder – Literatur – „neue" Medien. Hohengehren. S.36-59

Richter, Karin; Plath, Monika (2007): Lesemotivation in der Grundschule – Empirische Befunde und Modelle für den Unterricht. München. 2. Auflage

Risse, Erika (2003): Neue Medien und Lernkultur. In Keil-Slawik, Reinhard; Kerres, Michael (Hrsg.): Wirkungen und Wirksamkeit Neuer Medien in der Bildung. Münster. S.241-258

Rosebrock, Cornelia; Zitzelsberger, Olga (2002): Der Begriff Medienkompetenz als Zielperspektive im Diskurs der Pädagogik und Didaktik. In Groeben, Norbert; Hurrelmann, Bettina (Hrsg.): Medienkompetenz - Voraussetzungen, Dimensionen, Funktionen. Weinheim. München. S.148-159

Schachtner, Christina; Welger, Andrea (2004): Virtuelle Mädchen-Räume – Computergestützte Kommunikation als lebensweltliches Projekt. In Schindler, Wolfgang (Hrsg.): Bildung und Lernen online – eLearning in der Jugendarbeit. München. S.123-135

Schelhowe, Heidi (2006): Medienbildung und Technikgestaltung. Ein Plädoyer für eine „Dritte Kultur". In Treibel, Annette; Maier, Maja S.; Kommer, Sven; Welzel, Manuela (Hrsg.): Gender medienkompetent – Medienbildung in einer heterogenen Gesellschaft. Wiesbaden. S.75-90

Schilcher, Anita (2004): „Du bist wie alle Weiber, gehorsam und unterwürfig, ängstlich und feige" – Geschlechterrollen im Kinderbuch der 90er Jahre. In Kliewer, Anette; Schilcher, Anita (Hrsg.): Neue Leser braucht das Land! Zum geschlechterdifferenzierenden Unterricht mit Kinder- und Jugendliteratur. Baltmannsweiler. S.1-22

Schilcher, Anita (2010): Geschlechterdifferenzen im Literaturunterricht. In Frederking, Volker; Huneke, Hans W.; Krommer, Axel; Meier, Christel (Hrsg.): Taschenbuch des Deutschunterrichts – Band 2 – Literatur- und Mediendidaktik. Hohengehren. S.357-371

Schilcher, Anita; Hallitzky, Maria (2004): Was wollen die Mädchen, was wollen die Jungs – und was wollen wir? – Zu Inhalt und Methodik eines geschlechterdifferenzierenden Literaturunterrichts. In Kliewer, Anette; Schilcher, Anita (Hrsg.): Neue Leser braucht das Land! Zum geschlechterdifferenzierenden Unterricht mit Kinder- und Jugendliteratur. Baltmannsweiler. S.113-136

Schiersmann, Christiane (2007): Berufliche Weiterbildung. Wiesbaden

Schreier, Margrit; Rupp, Gerhard (2006): Ziele/ Funktionen der Lesekompetenz im medialen Umbruch. In Groeben, Norbert; Hurrelmann, Bettina (Hrsg.): Lesekompetenz – Bedingungen, Dimensionen, Funktionen. Weinheim. München. S.251-274. 2. Ausgabe

Schulz-Zander, Renate; Eickelmann, Birgit; Goy, Martin (2010): Mediennutzung, Medieneinsatz und Lesekompetenz. In Bos, Wilfried; Hornberg, Sabine; Arnold, Karl-Heinz; Faust, Gabriele; Fried, Lilian; Lankes, Eva-Maria; Schwippert, Knut; Tarelli, Irmela; Valtin, Renate (Hrsg.): IGLU 2006 – Grundschule auf dem Prüfstand – Vertiefende Analysen zu Rahmenbedingungen schulischen Lernens. Münster

Schweiger, Wolfgang (2007): Theorien der Mediennutzung – Eine Einführung. Wiesbaden

Simon-Pätzold, Elisabeth (2007): PISAKIDS – Ein Internetprogramm zur Leseförderung. In Konzept PISAKIDS 08/2007, in: http://www.pisakids.de/material/PISAKIDS_konzept.pdf (14.07.2011)

Six, Ulrike; Frey, Christoph; Gimmler, Roland; unter Mitarbeit von Balzer, Lars (2000): Medienerziehung in der Grundschule aus der Sicht von Lehrerinnen und Lehrern: Ergebnisse einer repräsentativen Telefonbefragung. In Tulodziecki, Gerhard; Six, Ulrike (Hrsg.): Medienerziehung in der Grundschule. Grundlagen, empirische Befunde und Empfehlungen zur Situation in Schule und Lehrerbildung. Opladen. S. 31-230

Sjørup, Karen (2005): Schlussfolgerung und Empfehlung. In GEcel – Civic Education And Learning For Gender Mainstreaming (Hrsg.): Beispiele guter Trainings-Praxis – Höhepunkte und Hindernisse. Ein Handbuch aus dem Projekt GEcel – Politische Bildung und Lernen für Gender Mainstreaming. Bonn, in: http://www.bpb.de/files/5484S7.pdf (20.06.2011)

Spinner, Kasper H. (2010): Lesekompetenz ausbilden, Lesestandards erfüllen. In Schulz, Gudrun (Hrsg.): Lesen lernen in der Grundschule - Lesekompetenz und Leseverstehen - Förderung und Bücherwelten. Berlin. S.48-61

Statistisches Bundesamt (Hrsg.) (2010): Alleinerziehende in Deutschland – Ergebnisse des Mikrozensus 2009. Wiesbaden, in: http://www.destatis.de/jetspeed/portal/cms/-Sites/destatis/Internet/DE/Presse/pk/2010/Alleinerziehende/pressebroschuere__Alleinerziehende2009,property=file.pdf

Treibel, Annette; Maier, Maja S. (2006): Gender medienkompetent? Eine Einleitung. In Treibel, Annette; Maier, Maja S.; Kommer, Sven; Welzel, Manuela (Hrsg.): Gender medienkompetent – Medienbildung in einer heterogenen Gesellschaft. Wiesbaden. S.11-23

Von Gehlen, Martina; Tinsel, Iris (2006): Steigerung der Medienkompetenz von Schülerinnen, Studentinnen und Informatikerinnen durch monoedukatives Lernen und Lehren. Beispiele aus der Praxis des Netzwerk Frauen.Innovation.Technik Baden-Württemberg. In Treibel, Annette; Maier, Maja S.; Kommer, Sven; Welzel, Manuela (Hrsg.): Gender medienkompetent – Medienbildung in einer heterogenen Gesellschaft. Wiesbaden. S.297-312

Vorderer, Peter; Klimmt, Christoph (2006): Lesekompetenz im medialen Spannungsfeld von Informations- und Unterhaltungsangeboten. In Groeben, Norbert; Hurrelmann, Bettina (Hrsg.): Lesekompetenz – Bedingungen, Dimensionen, Funktionen. Weinheim. München. S.215-235. 2. Ausgabe

Vorlese-Studie (2009): Warum Väter nicht vorlesen. Repräsentative Befragung von Vätern, die nur selten oder nie vorlesen. Eine Studie der Deutschen Bahn, der ZEIT und der Stiftung Lesen, in: http://www.stiftunglesen.de/materialarchiv/pdf/3 (26.06.2011)

Walter, Melitta (2005): Jungen sind anders, Mädchen auch – Den Blick schärfen für eine geschlechtergerechte Erziehung. München

Wehrmann, Elisabeth (2002): Je früher, desto schlauer. In ZEITdokument: Schock für die Schule – Die PISA-Studie und ihre Folgen, Heft 3. S.22

Internet:

http://netzspannung.org/learning/swimming/, Stand 03.07.2011, 12.32 Uhr

http://netzspannung.org/learning/swimming/torin/, Stand 03.07.2011, 12.33 Uhr

http://www.spiegel.de/schulspiegel/wissen/0,1518,612997,00.html, Stand 03.07.2011, 12.37 Uhr

http://pisa.dipf.de/de/pisa-2009/lesen, Stand 14.07.2011, 16.28 Uhr

http://www.pisakids.de/buecher, Stand 14.07.2011, 16.30 Uhr

http://www.pisakids.de/rezensionen/ein-schaf-fuers-leben, Stand 14.07.2011, 16.30 Uhr

9. Anhang

Abbildung 4:   Theoretische Struktur der Lesekompetenz in IGLU

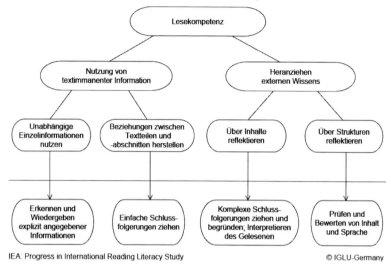

(Entnommen aus: Bos et al. 2003, 7).

(Entnommen aus: http://uwes-adventureforum.de/SC/torinspassage/torin12.jpg (17.07.2011))

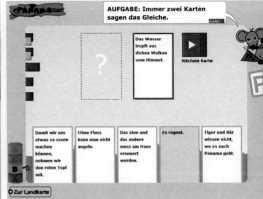

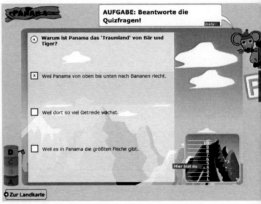
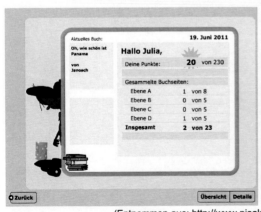

(Entnommen aus: http://www.pisakids.de/spiele/ (17.07.2011); kostenloser Probezugang möglich